단편영화 제작 가이드

아모르문디 영화 총서 ⑤

단편영화 제작 가이드

개정판 펴낸 날 2019년 9월 20일
개정판 6쇄 펴낸 날 2024년 9월 2일

지은이 | 김병정
펴낸이 | 김삼수
디자인 | 최인경

펴낸곳 | 아모르문디
등   록 | 제313-2005-00087호
주   소 | 서울시 마포구 월드컵북로5길 56 401호
전   화 | 070-4114-2665 팩 스 | 0505-303-3334
이메일 | amormundi1@daum.net

ⓒ 김병정, 2019 Printed in Seoul, Korea

ISBN 978-89-92448-89-5   94680
ISBN 978-89-92448-37-6(세트)

※ 이 도서의 국립중앙도서관 출판예정도서목록(CIP)은 서지정보유통지원시스템 홈페
이지(http://seoji.nl.go.kr)와 국가자료공동목록시스템(http://www.nl.go.kr/kolisnet)
에서 이용하실 수 있습니다.

아모르문디 영화 총서·5
Amormundi Film Books

단편영화 제작 가이드

김병정 지음

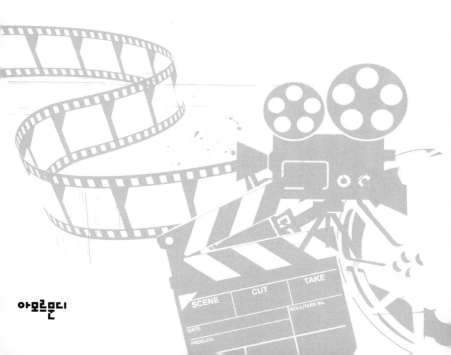

아모르문디

'아모르문디 영화 총서'를 시작하며

영화가 탄생한 것은 1895년의 일입니다. 서구에서 영화에 대한 이론
적 담론은 그로부터 한참 뒤인 1960년대에야 본격화되었습니다. 한국
에서는 1980년대 후반의 일이었습니다. 대학원에 영화학과가 속속 생
겨나면서 영화는 비로소 학문의 영역으로 들어왔고 연구자들에 의해
외국 서적들이 번역·소개되기 시작했습니다. 1990년대 중반까지만
해도 외국어로 된 책을 가지고 동아리 모임이나 대학원에서 함께 공부
하고 토론했던 기억이 새롭습니다. 매일 선배나 동료들에게 애걸복걸
하며 빌리거나 재복사를 한, 화면에 비가 내리는 비디오테이프를 두세
편씩 보고서야 잠이 들고 다른 언어로 된 이론서를 탐독하며 보냈던
시절은 어느덧 지나간 듯합니다. 이제는 구할 수 없는 영화가 없고 보
지 못할 영화도 없습니다. 그럼에도 오늘 한국의 영화 담론은 어쩐지
정체되어 있는 듯합니다. 영화 담론의 장은 몇몇 사람들만의 현학적인
놀이터가 되어가고 있는 느낌입니다.

　최근 한국의 영화 담론은 이론적 논거는 부실한 채 인상비평만 넘
쳐나고 있습니다. 전문 영화 잡지들이 쇠퇴하는 상황에서 깊이 있는
비평과 이해는 점점 더 찾아보기 어려워지고 있습니다. 대학과 현장에
서 사용하는 개론서들은 너무 오래전 이야기에 머물러 있고 절판되어
찾아보기 힘든 책들도 많습니다. 인용되고 예시되는 장면도 아주 예전
영화의 장면들입니다. 영화는 눈부신 속도로 발전하고 있는데, 그에
대한 이론적 논의는 그 속도를 따라가지 못하는 형국입니다. 물론 이

론적 담론이 역동적인 영화의 발전 속도를 바로바로 따라잡기란 쉽지 않은 일입니다. 그럼에도 당대의 영화 예술에 대한 깊이 있는 이해는 비평적 접근을 통해서만 가능하다고 믿습니다. 이에 뜻을 함께하는 영화 연구자들이 모여 '아모르문디 영화 총서'를 시작하고자 합니다.

'아모르문디 영화 총서'는 작지만 큰 책을 지향합니다. 책의 무게는 가볍지만 내용은 가볍지 않은 영화에 관한 담론들이 다채롭게 펼쳐질 것입니다. 또한 영화를 이미지 없이 설명하거나 스틸 사진 한두 장으로 논의하던 종래의 방식을 벗어나 일부 장면들은 동영상을 볼 수 있도록 기획하였습니다. 예시로 제시되는 영화들도 비교적 최근의 영화들로 선택했습니다. 각 권의 주제들은 독립적이면서도 서로 연관관계를 갖도록 설계했습니다. '아모르문디 영화 총서'는 큰 주제에서 작은 주제들로 심화되는 방향으로 구성되어 있습니다.

정체되어 있는 한국 영화 담론의 물꼬를 트고 보다 생산적인 논의들이 확장되고 발전하는 데 초석이 되었으면 하는 것이 '아모르문디 영화 총서'의 꿈입니다. 영화 담론의 발전이 궁극적으로 영화의 발전을 가져올 것이고 그 영화를 통해 우리의 삶이 더 풍요롭고 의미 있는 것이 되었으면 합니다.

기획위원 김윤아

들어가는 글

영화를 만드는 일은 매우 힘들고 어려운 과정입니다. '누구나 영화를 만들 수 있지만 아무나 영화를 만들 수는 없다'고 흔히 말하는데, 영화를 만드는 일이 특별하지는 않지만, 매우 힘들다는 뜻입니다.

이 책은 단편영화를 처음 만들거나 학교에서 단편영화 제작 워크숍을 하는 학생들을 위한 교재 및 가이드로 사용할 수 있도록 썼습니다. 중·고등학생에서부터 대학교 저학년 학생들의 워크숍 교재로 사용될 수 있도록 가능하면 쉽게 설명하려고 노력하면서도 영화제작 현장에서 사용되고 있는 최신 기술 정보 또한 빠지지 않고 설명하였습니다.

이 책은 기획 단계에서부터 최종 상영에 이르기까지 영화의 제작과정을 순서대로 공부할 수 있도록 구성되어 있습니다. 학생들은 이 책을 공부하면서 실제 영화제작 실습을 해나갈 수 있을 것이며, 영화제작을 지도하는 선생님들은 이 책을 중심으로 수업을 진행할 수 있을 것입니다.

영화를 만드는 과정은 크게 촬영을 위한 사전 준비작업인 프리프로덕션(Pre-Production) 단계와 실제로 장면을 촬영하는 프로덕션 단계, 후반작업인 포스트프로덕션(Post-Production)

단계로 나눌 수 있습니다.

　프리프로덕션 단계는 기획에서 시작해 시나리오 집필, 감독을 비롯한 스태프 구성, 연기자 캐스팅, 촬영 장소인 로케이션 헌팅 등 촬영을 위한 사전작업들을 진행하는 과정이고, 프로덕션 단계는 카메라를 이용해 영화의 장면들을 촬영하는 과정을 말합니다. 포스트프로덕션 단계는 촬영한 이미지들을 편집하고, 컴퓨터그래픽 작업을 통해 시각효과를 추가하고, 음악 등 사운드 믹싱작업, 타이틀 제작 및 크레딧 작업 등을 거쳐 영화를 완성하는 과정입니다. 디지털 영화제작의 과정에 대한 자세한 내용은 앞서 출간된 아모르문디 영화총서 중 『디지털 영상 제작 이야기: 촬영 편』(현승훈 저, 2016)에서 자세히 다루고 있으니 함께 공부하면 더 좋을 것 같습니다.

　상업영화든 학생들이 만드는 단편영화든 제작과정에서 거쳐야 할 단계는 비슷합니다. 하지만 상업영화의 경우 예산 규모(budget)도 크고, 스태프들의 역할도 세분화되어 있지만, 단편영화는 소규모 제작 인원들이 여러 역할을 겸하는 경우도 많습니다. 무조건 상업영화의 시스템을 흉내 내어 많은 인원과 대규모의 장비를 사용하려고 하기보다는 제작 규모에 적합한 제작 시스템을 활용하는 것이 바람직합니다.

　이 책은 가능한 한 쉽게 쓰려고 노력했지만 현장에서 일반적으로 사용되고 있는 용어들은 최대한 반영하려고 하였습니다. 영화제작 현장에서는 영어나 다른 외국어로 된 전문 장비나 기술 용어가 많이 사용되고 있습니다. 한국어로 된 용어가 있는 경우에는 한국어 용어를 우선하되 현장에서 통상적으로 사용되는 외국어의 경우에는 원어와 그 의미를 괄호 안에 함께 설명하였습니다. 또한, 이 책의 내용을 이해하는 데 도움이 되는 다양한 이미지와 QR코드(비밀번호: amormundi)로 된 영상 자료 링크를 함께 실었습니다.

　모쪼록 영화를 공부하는 학생들이 이 책을 통하여 자신의 꿈에 한 발짝 더 다가갈 수 있게 되기를 희망합니다.

저자 김병정

차례

Ⅰ. 기획 및 시나리오 쓰기

1. 영화기획과 기획의도

일단 단편영화를 만들어보고 싶다는 생각이 들었다면, 먼저 왜 영화를 만들려고 하는지를 스스로에게 물어보아야 합니다. 영화를 만드는 이유는 각자의 상황과 의도에 따라 여러 가지가 있을 수 있습니다. 영화에는 여러 장르와 스타일이 있고, 영화를 만드는 과정과 방식도 다양하기 때문에, 지금 만들려고 하는 영화가 어떤 영화가 되어야 하는지를 객관적으로 알기 위해서는 왜 영화를 만들려고 하는지 스스로에게 솔직하게 질문해 보아야 합니다.

새로운 시각적 스타일을 가지고 자신만의 이야기를 하고 싶을 수도 있고, 관객들이 좋아할 만한 재미있는 영화를 만들고 싶을 수도 있습니다. 또는 사람들이 평소에 놓치고 있는 우리 사회의 중요한 문제에 대해 이야기하고 싶을 수도 있죠. 만들고 싶은 영화가 어떤 것인지에 따라 가장 적절하고 효과적인 영화의 스타일과 형식을 구축하는 것이 필요합니다. 그러기 위해서는 우선 자신의 의도를 스스로 솔직하고 정확하게 아는 것이 중요합니다. 가끔 어떤 학생들은 선생님이나 다른 사람에게 보여주기 위한 기획의도를 설정해 놓아서, 실제로 자신이 하려고 하는 이야기와 기획의도가 서로 맞지 않는 경우도 있습니다. 때로는 자신이 어떤 영화를 만들려고 하는지 스스로 잘 모르는 채 영화제작을 시작하는 경우도 있습니다. 이런 경우는 영화제작의 전 과정에서 어떤 선택을 해야 할 때마다 최적의 결정을 내리기도 어렵고, 겨우겨우 시나리오를 완성하고 촬영에 들어갔다고 하더라도 중간에 벽에 부딪혀 방향을 잃을 수도 있습니다.

학생들이 제작하는 단편영화 제작 워크숍을 지도하다 보면 가끔 촬영 중에 스태프들 사이의 의견 차이가 좀처럼 좁혀지지 않는 경우가 있습니다. 서로 이야기를 하면 할수록 점점 더 의견 차이가 커져서 결국엔 학생들끼리 서로 감정이 상하기도 합니다. 이런 경우는 대부분 함께 영화를 만드는 스태프들 사이에 지금 우리가 만들고 있는 영화가 궁극적으로 어떤 영화가 되어야 하는지에 대한 공감대가 없거나 부족할 때입니다.

영화를 만드는 과정에서 기획의도는 촬영을 하는 중에 기술적인 실수를 하지 않는다거나 바쁜 일정을 사고 없이 소화해내는 것에 비해 덜 중요시되기 쉽습니다. 하지만 영화를 다 만들어 놓고 보면 가장 중요한 부분은 역시 기획의도와 관련한 것인 경우가 대부분입니다. 영화를 만들고 있는 동안에는 마치 나무 하나하나에 정성을 쏟느라 숲 전체의 모습을 놓치듯이 세부에 치중하여 전체적인 방향을 잃기 쉽습니다. 기획의도는 이러한 일이 일어나지 않도록 항상 영화가 나아가야 할 방향을 제시해주는 나침반과도 같습니다.

학생들과 함께 단편영화를 만들면서 매번 새로 수업을 시작할 때마다 각자의 기획의도에 따라 이야기를 위한 배경 설정과 등장인물, 이야기의 전개와 결말이 적절한지를 항상 환기시켜 줍니다. 그러고 나면 어느 정도 수정을 거치긴 하지만 전체 제작일정 때문에 여전히 해결되지 못한 문제들을 가진 채 다음 단계로 넘어가야 하는 경우가 빈번히 발생합니다. 그런 상태로 캐스팅과 로케이션 헌팅 등 프리프로덕션을 거쳐 촬영을 하고, 편집과 믹싱 등 후반작업을 거쳐 영화를 완성하죠. 학기가 끝날 때 학생들이 만든 영화들을 상영하면서 다른 학년 학생들이나 선생님들의 감상평을 들어보면, 처음 기획단계에서 지적했던 기획의도와 관련된 문제들을 똑같이 이야기하는 경우가 많습니다. 그렇기 때문에 영화의 기획 초반에 방향을 잘 잡는 것이 무엇보다 중요합니다.

만약 만들려고 하는 영화의 기획의도가 무엇인지 명확하게 정리가 되지 않거나 자신이 설정한 기획의도가 적절한지를 검토하고 싶다면, 아래의 몇 가지 질문을 스스로에게 던지고 답을 찾아보는 것이 도움이 될 수 있습니다.

(1) '왜' 이 영화를 만들려고 하는가.
(2) 왜 '내가' 이 이야기를 해야 하는가.
(3) 왜 '지금' 이 이야기를 해야 하는가.
(4) 왜 '여기서' 이 이야기를 해야 하는가.

첫 번째 질문은 영화를 통해 하고 싶은 이야기가 무엇인지 생각해 보아야 한다는 것이고, 두 번째는 비슷한 소재의 이미 만들어진 이야기들이 많이 있을 텐데 왜 굳이 내가 이 영화를 또 만들어야 하는지에 대해 생각해 보아야 한다는 것입니다. 내가 이야기하는 것이 다른 사람들이 이미 만들었던 여러 창작물들과 어떻게 다른지가 바로 이 영화를 만들어야 하는 하나의 이유가 될 수 있기 때문입니다. 세 번째와 네 번째는 같은 소재의 이야기라도 그것을 언제 어디에서 이야기하느냐에 따라 사회적, 역사적으로 다르게 읽힐 수 있기에 예술 작품의 시대성과 사회성을 이해하고 지금 내가 살고 있는 사회와의 관계 속에서 이 영화가 어떤 의미로 읽혀야 하는지를 설정하는 데 도움이 될 것입니다.

마지막으로 기획의도를 설정할 때 자신이 정말 이 이야기에 관심이 있는지 스스로에게 솔직하게 질문해 볼 필요가 있습니다. 가끔 어떤 학생들은 자신이 정말 하고 싶은 이야기를 가져오는 게 아니라 뉴스나 인터넷상에서 듣거나 본 이야기를 비판 없이 가져와서 영화를 만들겠다고 하는 경우가 있습니다. 하지만 이런 경우는 자신이 직접 많은 고민을 해 보지 않았기 때문에 스토리가 빈약해지거나 영화가 담고 있는 주제의 깊이가 얕아지기 쉽고, 이런 영화는 아무리 멋지게 포장을 해 놓아도 결국 관객에게 공감을 이끌어 내거나 감동을 주기가 어렵습니다.

2. 아이디어와 소재의 선택

처음 영화를 기획할 때 기획의도를 설정해 놓고 아이템이나 소재를 찾기보다는 적절한 아이템을 찾으면서 기획의도가 구체화되는 경우가 더 많습니다.

먼저 기획 단계에 사용되는 여러 용어들을 살펴보자면, 아이디어와 콘셉트, 아이템과 소재와 같은 용어들이 있습니다. 아이디어는 이야기를 만들기 위한 단편적인 착상을 말합니다. 아이디어와 콘셉트는 이야기의 소재를 찾기 위한 초기 단계에서는 비슷한 의미로 사용되지만 콘셉트는 영화 제작과정 전반에 걸쳐 영화의 스타일의 의미를 포함하는 제작 방향과 관련된 개념으로 사용되기도 합니다. 이에 비해 소재는 조금 더 구체화되고 발전된 형태의 이야기 재료를 말하며, 아이템 역시 이야기의 재료를 지칭하지만 아이템이란 단어에는 상품이라는 뜻도 함께 있어서 단순히 이야기의 재료로서만이 아니라 그 자체에 이미 상품성의 개념이 들어가 있다고 볼 수 있습니다.

영화제작을 위해서 적합한 소재를 찾는 것은 쉬운 일이 아닙니다. 소설, 회화, 음악, 연극 등 예술 작품에는 여러 가지 형식이 있는데, 작가가 하고 싶은 이야기를 굳이 영화라는 형식을 빌려 만들고자 한다면 영화라는 매체로 표현하기에 효과적인 이야기여야 하겠죠. 반대로 생각하면 스스로에게 왜 이 소재를 굳이 영화로 만들어야 하는가 하는 질문을 던져 본다면 내가 선택한 소재가 영화에 적합한지를 알 수 있을 것입니다.

처음에 영화를 만들려고 할 때 어디서부터 이야기를 시작해야 할지 막연할 수 있습니다. 이럴 때는 먼저 관심 있는 소재를 찾는 것이 순서입니다. 보통 영화의 소재를 개발하는 방법에는 몇 가지가 있습니다.

새로운 이야기를 창작하는 경우에는 비슷한 소재의 창작물들과 어떻게 차별화할 것인지가 매우 중요합니다. 물론 완전히 새로운 소재의 이야기를 만들 수도 있지만, 오랜 문학의 역사에서 새로운 이야기 소재를 말할 때 흔히들 성경 구절을 인

☞ 영화의 소재를 개발하는 몇 가지 방법
(1) 새로운 이야기를 직접 창작하는 경우.
(2) 소설이나 만화 등 원래 있는 원작을 각색하는 경우.
(3) 역사적 사건 등 실제 사건을 바탕으로 한 이야기.
(4) 실존 인물을 바탕으로 한 이야기.
(5) 고전 설화나 신화를 재해석하는 경우.

용해 하늘 아래 새로운 이야기는 없다고들 말합니다. 순수하게 새로 창작한 이야기도 그 핵심을 들여다보면 이미 오래전에 어떤 방식으로든 이야기된 소재인 경우가 대부분입니다. 그렇기에 지금 하려고 하는 이야기가 이전의 비슷한 소재의 이야기들과는 다른 나만의 시각을 담고 있는 것이 매우 중요하다고 할 수 있습니다.

원작이 있는 이야기를 영화화할 경우에는 제작단계에서 원작의 저작권 문제를 미리 염두에 두어야 합니다. 그리고 원작이 영화화에 적합한지, 효과적인지 면밀히 검토해 보아야 합니다. 영화에서는 등장인물의 심리를 묘사하는 방법 등이 소설에서와는 사뭇 다르기 때문에 소설로 읽었을 때 재미있는 이야기라 할지라도 영화화되었을 때 그렇지 못한 경우가 꽤 있습니다.

실제의 사건을 바탕으로 이야기를 하는 경우에는 몇 가지 접근 방식이 있습니다. 먼저 실제 있었던 사건에서 내가 이야기하고자 하는 주제에 적합한 부분만을 떼어 와서 이야기를 구성하는 방법이 있습니다. 이때 필요에 의해 이야기가 재구성되기도 하고, 영화의 내용이 실제 사건과 달라질 수도 있습니다.

실제 사건을 바탕으로 이야기를 만들 때 전혀 다른 접근방식도 있습니다. 역사에서 일어나지 않은 가정을 바탕으로 이야기를 만드는 경우입니다. '만약에 … 했었다면'과 같은 가정에서 출발해 이야기를 구성해 갈 수도 있습니다.

영화에서 다루는 실제 사건은 꼭 커다란 역사적 사건이 아니어도 됩니다. 신문의 사회면에 난 조그만 기사를 바탕으로 영화를 만들 수도 있고, 개인의 실제 경험을 토대로 영화를 만들수도 있습니다. 이때 영화를 만드는 사람은 실제 사건과 영화와의 관계를 정확히 이해해야 합니다. 영화는 실제 사건의 재연과는 엄연히 다르며, 그보다는 훨씬 극적일 필요가 있습니다. 실제 사건을 바탕으로 한 영화를 만드는 데 있어 허구를 어느 정도 허용할 것인지에 관한 문제는 실제 사건의 왜곡에 대한 윤리적인 문제를 불러오기도 하지만, 사실 이러한 문제는 이미 기획의도 단계에서 충분히 검토되어야 하는 부분입니다.

실존 인물에 관한 이야기를 하려고 한다면, 대상이 되는 인

[도판1] 영화 〈사도〉(2014)의 한 장면

물의 어떤 점을 이야기하고자 하는지를 먼저 고려해야 합니다. 탕평책과 균역법을 실시했던 리더십 있는 임금으로서의 영조의 이야기와 사도세자의 아버지로서의 영조의 이야기처럼, 같은 인물도 어떤 시각으로 바라보는지에 따라 전혀 다른 이야기가 될 수 있습니다. 그리고 인물의 일대기를 다룰 것인지, 특정한 사건과 업적을 중심으로 이야기를 할 것인지를 생각해야 합니다. 자칫 전체의 이야기를 다루다 보면 이야기의 극적 구조가 지루해질 수도 있기 때문에 어떤 영화를 만들고자 하는지에 따라 인물의 어떤 부분을 영화에 가져올 것인지 잘 고려해야 합니다.

마지막으로 신화나 설화와 같이 기존에 잘 알려진 이야기의 원형에서 출발해서 영화를 만들 수도 있습니다. 아버지를 죽이고 자신의 어머니와 결혼하는 비극의 주인공인 오이디푸스왕의 신화라든가, 사랑하는 왕자와 만나기 위해 사람이 되는 대신 목소리를 잃어버린 인어공주 이야기 같은 고전 동화들은 지금껏 무수히 많은 변주를 거쳐 여러 예술 형식으로 만들어졌고 지금도 꾸준히 만들어지고 있습니다.

3. 자료 조사

어떤 이야기를 하고 싶은지 대략의 방향을 정했다면 자신이 선택한 소재에 대해 충분한 자료 조사를 해야 합니다. 인터넷에서 보거나 다른 사람에게 들은 단편적인 정보만으로 이야기를 구성하는 것은 자칫 자세히 알지 못하는 이야기를 피상적으로 그려내게 될 수 있습니다. 이야기에 필요한 여러 가지 설정과 등장인물의 배경 등은 꼭 사실적이지는 않더라도 적어도 설득력이 있어야 관객들이 이야기에 몰입하게 할 수 있습니다.

요즘은 인터넷을 통해 많은 정보와 자료들을 접할 수 있기 때문에 필요한 자료를 보다 쉽게 얻을 수 있지만, 때로는 직접 발로 뛰어가며 인터뷰를 하거나 도서관에서 자료를 찾아야 할 필요도 있습니다. 간혹 학생들이 시나리오를 쓸 때 좋은 생각이 떠오르지 않는다고 호소를 하곤 하는데, 이야기를 나누어

☞ 자료 조사의 구체적인 방법들

(1) 어떤 관련 서적들이 나와 있는지 찾아본다.

(2) 소재와 관련된 신문기사 등을 통해 실제 사례는 어떤 것들이 있는지 조사한다.

(3) 비슷한 소재로 앞서 만들어졌던 다양한 예술 작품들(영화, 드라마, 소설, 연극, 다큐멘터리, 전시회 등)을 찾아보고, 만들려고 하는 영화가 이전의 작품들과 어떻게 차별화될지 검토해 본다.

(4) 관련 인물들이나 해당 분야 전문가들을 찾아가 인터뷰를 통해 궁금한 부분들에 대해 알아본다.

보면 자신이 선택한 소재에 대해 정작 잘 모르고 있는 경우가 많습니다. 인터넷에서 한두 번 검색을 해본 정도에 근거해 이야기를 만들자니 설정은 피상적일 수밖에 없고, 이야기 전개는 설득력이 없어 몰입이 되지 않게 됩니다. 당연히 설득력 없는 이야기로는 관객에게 감동을 줄 수도 없죠.

반대로 자료 조사에만 너무 치우쳐 이야기를 잃어버리는 경우도 있습니다. 사실관계에 지나치게 집착한 나머지 방대한 자료들 속에서 허우적거리느라 이야기가 나가야 할 방향을 잃어버리는 경우인데, 우리는 논문을 쓰는 것이 아니라 '설득력 있는 이야기'를 쓰고 있는 중이란 것을 잊지 않아야 합니다.

4. 줄거리와 시놉시스 쓰기

어떤 이야기를 할지 어느 정도 정해졌으면 대략의 줄거리와 시놉시스를 정리해 봅니다.

시놉시스는 영화의 대략적인 개요로 기획의도와 주제, 등장인물과 줄거리 등을 정리해 놓은 것을 말합니다. 줄거리는 이야기의 배경, 등장인물, 사건의 전개를 통한 갈등 구조의 심화와 해결을 담고 있습니다.

줄거리를 쓸 때는 이야기의 기승전결 각 부분의 밸런스를 고려하면서 써야 합니다. 간혹 앞부분은 지나치게 자세하게 쓰고 뒷부분은 너무 뭉뚱그려서 쓰는 경우를 볼 수 있는데, 이런 경우 전체 이야기의 뼈대를 파악하기가 어렵고 이야기의 분량이나 플롯이 적절한지를 알 수가 없기 때문에 좋은 글쓰기라 할 수 없습니다. 그리고 반드시 결말을 써 봅니다. 가끔 이야기의 결말이 없는 줄거리를 가지고 오는 학생들이 있는데, 당장은 마음에 들지 않더라도 이야기의 구조를 갖추어 써 보는 것은 매우 중요합니다. 나중에 결말을 수정하게 되더라도 일단은 기승전결이 갖춰진 줄거리를 써 봄으로써 전체 이야기의 뼈대를 파악하고 어느 부분이 수정, 보완되어야 하는지를 계획할 수 있게 됩니다.

또한 시나리오를 위한 줄거리 쓰기는 결국 영화화하기 위한 글쓰기이기 때문에 언어를 통한 심리 묘사나 이야기 설명보다는 시각화된 장면을 통하여 이야기를 전달하는 것이 중요합니다. 예외적인 표현 방식으로 소설에서처럼 직접적인 묘사를 나레이션을 통해 사용할 때도 있지만 영상언어는 기본적으로 이미지들의 연결을 통해 이야기를 전달하는 매체라는 것을 잊지 말아야 합니다. 이를 위해서 줄거리를 쓸 때에는 설명과 묘사가 아니라 이야기상에서 벌어지는 '사건'과 등장인물의 '행동'을 중심으로 쓰도록 해야 합니다. 글이 아니라 이미지를 통해 이야기를 전달하는 것은 처음부터 잘되지는 않을 수도 있지만, 줄거리를 한 번 쓰고 마는 것이 아니라 여러 번 다시 써 보면서 시각화된 글쓰기에 익숙해질 수 있도록 계속 고쳐나가도록 합니다.

5. 시나리오 쓰기

줄거리를 계속 수정 보완해가면서 점점 더 자세하게 쓰다 보면 구체적인 장면들이 점점 형태를 갖추게 됩니다. 이제 직접 장면을 써 보기 위해 전체 시나리오를 구성하는 요소와 단위들에 대해 알아보겠습니다.

한 편의 영화를 구성하는 가장 작은 단위는 쇼트(shot)입니다. 쇼트는 카메라로 한 번에 연결해서 촬영한 장면 하나를 말

☞ 영화 〈타짜〉의 대화 장면

[도판2] 영화 〈타짜〉의
대화 장면 중 투 쇼트

[도판3] 영화 〈타짜〉의
대화 장면 중 아귀의 쇼트

[도판4] 영화 〈타짜〉의
대화 장면 중 고니의 쇼트

합니다. 보통은 이런 쇼트들을 연결해서 씬(scene)을 만듭니다. 만약 A와 B, 두 명이 대화하는 씬을 촬영한다고 하면 보통은 '두 명이 함께 등장하는 쇼트'와, 'A의 쇼트', 'B의 쇼트' 등이 필요하게 됩니다. 이런 쇼트들을 연결해 '두 명의 대화 씬'이 만들어지게 되는 것입니다.

　씬은 어느 한 장소에서 하나의 연결된 시간대에 일어나는 이야기(사건)라고 할 수 있습니다. 이런 씬들은 기승전결의 이야기 구성상의 단계에 따라 비슷한 씬들끼리 하나의 이야기

덩어리를 이루는데 이것을 시퀀스(sequence)라고 합니다. 이 시퀀스들이 모여 한 편의 영화가 되죠.

[도판5] 쇼트와 씬, 그리고 시퀀스

    따라서 앞에서 써 놓은 줄거리를 이렇게 작은 이야기의 덩어리들로 나누어 보면 전체 이야기를 구성하는 뼈대를 파악하기가 쉬워지고, 어느 부분이 부족하며 더 보완해야 할지를 알 수 있게 됩니다.

    이제 시나리오를 쓸 때 이야기의 뼈대를 보다 적절하게 만들어가기 위하여 '플롯(plot)'이라는 개념을 알아둘 필요가 있습니다. 줄거리가 단순히 사건의 나열이라면 플롯은 인과관계에 따라 구성된 사건의 진행이라고 할 수 있습니다. 때문에 줄거리에서의 사건의 순서와 플롯상의 사건의 순서는 같지 않을 수 있죠. 때때로 시나리오 작가들이나 영화감독들은 보다 효과적으로 메시지를 전달하기 위하여 플롯상의 사건의 순서를 시간의 흐름과 다르게 배치하기도 합니다.

[도판6] 영화 〈박하사탕〉의 오프닝

영화 〈박하사탕〉(이창동 감독, 1999)에서 사건의 순서는 시간의 흐름과 완전히 반대로 구성되어 있습니다. 영화의 첫 장면은 1999년, 현재에 주인공인 영호가 야유회 장소에 나타나면서 시작됩니다. 이곳은 20년 전 첫사랑 순임과 함께 소풍을 왔던 장소입니다. 20년의 세월 동안 그는 모든 것을 잃어버리고 순수했던 시절에 첫사랑과 함께 왔던 기찻길 위에서 "나 돌아갈래." 하고 절규합니다. 그러고 나서 이후 영화는 그가 왜 20년 동안 모든 것을 잃어버리게 되었는지를 시간을 거꾸로 거슬러 올라가며 보여줍니다.

〈박하사탕〉의 줄거리가 순수했던 스무 살의 영호가 일련의 사건들을 겪으며 모든 것을 잃고 망가져가는 내용이라면, 플롯은 모든 것을 잃고 망가져버린 한 남자가 왜 이렇게 되어 버렸는지를 추적해가는 미스터리의 구조라고 할 수 있겠죠. 관객들은 영화의 플롯을 통해 보여지는 사건들 사이의 인과관계를 통해 퍼즐조각을 맞추듯이 주인공의 일생을 구성해가는 것이죠. 〈박하사탕〉은 이런 플롯을 통해 사건의 결과를 먼저 보여주고 그 결과가 일어난 원인에 대한 궁금증을 불러일으킴으로써 관객들이 영화에 더욱 집중하도록 만들었다고 볼 수 있습니다.

이처럼 플롯은 단순히 사건의 나열이 아니라 분명한 목적을 가지고 '인과관계에 따라 구성된 사건들의 진행'이라고 볼 수 있습니다.*

학생들이 써 온 시나리오 중에는 반전이 있는 플롯을 사용하는 경우가 흔히 있습니다. 보다 충격적인 결말을 통해 관객에게 강렬한 메시지를 전달하기 위해서 반전의 플롯을 사용하는 예는 상업영화에도 많이 있지만, 때로는 무엇을 위한 반전인지 생각해 볼 필요가 있습니다. 학생들의 시나리오에서 반전의 결말은 강렬한 메시지를 전달하기 위해 사용된다기보다 단순히 '몰래 카메라'와 같은 서프라이즈 효과에 그치는 경우가 많습니다. 이런 경우 관객은 작가가 의도적으로 관객에게 정보를 감춘 부분에 대하여 반전을 통해 강렬한 인상을 얻는 것이 아니라 영화의 스토리텔링에 관객이 스스로 참여하면서 몰입해온 과정에 대해 배신감을 느끼게 됩니다. 이런 차이는

---

* 이에 관한 자세한 논의는 『영화 스토리텔링』(김윤아 저, 아모르문디, 2016) 참조.

반전의 결말이 영화의 대단원에 이르기까지의 과정 속에서 얼마나 치밀하게 복선을 통해 관객들에게 설득력 있게 제시되었는지에 따라 달라진다고 볼 수 있습니다.

관객들은 이야기를 이해하는 데 필요한 정보를 장면들을 통해 적절하게 공급받으며 이를 조합하여 이야기를 재구성해내기 때문에, 관객들에게 어떤 정보를 언제 어떻게 전달하는지가 플롯상에서 매우 중요하다고 할 수 있습니다. 등장인물이 혹은 관객이 어떤 중요한 정보를 알게 되는 시점이 바로 이야기의 전환점이 되기 때문입니다.

관객이 이야기를 이해하는 데 필요한 정보는 어떤 플롯을 사용하는지에 따라 몇 가지로 구분해 볼 수 있습니다. 먼저 고전적인 옛날이야기에서처럼 이야기상의 등장인물이 알고 있는 내용을 관객도 함께 알고 있는 경우가 있습니다. 두 번째는 등장인물은 알고 있지만 관객은 모르는 정보들이 있습니다. 이런 경우에 관객은 궁금증을 가지고 등장인물의 행동에 주목하게 되고, 나중에야 등장인물이 왜 그런 행동을 했는지 알게 됩니다. 세 번째로 등장인물은 모르는 정보를 관객들은 알고 있는 경우가 있습니다. 이런 경우에는 관객은 자신이 알고 있는 정보를 모르고 있는 주인공에게 안타까움과 함께 긴장감(서스펜스)을 느끼게 됩니다. 서스펜스의 대가로 유명한 알프레드 히치콕(Alfred Hitchcock)의 〈사이코 Psycho〉(1960)에

[도판7] 영화 〈싸이코〉의 한 장면

서 관객은 여주인공에게 다가오는 위험을 알고 있지만, 샤워 중인 여자는 살인마의 존재를 알지 못하기에 관객들은 그녀가 처한 상황에 안타까움과 함께 서스펜스를 느끼게 되죠.

시나리오의 구성 요소로는 장면표시, 해설, 대사, 지문 등이 있습니다. 장면표시는 장면의 가장 위에 'S#'를 붙이고 일련번호로 된 장면번호와 사건이 일어나는 장소와 시간(낮 또는 밤)을 표시하는 것을 말합니다. 해설은 각 장면의 앞에 시간적, 공간적 배경과 등장인물들, 사건의 전체적인 상황을 설명해 놓은 것을 말하죠. 대사는 등장인물의 대화나 말을 일컬으며, 지문은 등장인물의 행동이나 심리상태와 함께 음악이나 화면전환 등의 기술적 지시사항 등을 적어놓은 것을 말합니다.

시나리오를 쓸 때에도 각각의 플롯의 단계에 적절한 밸런스를 유지하는 것이 좋습니다. 기본적으로는 중요한 장면은 자

☞ 시나리오에서 자주 사용되는 용어들

- S#(Scene Number) : 장면번호
- F. I.(Fade In) : 화면이 검은 화면에서 시작해서 점점 밝아짐.
- F. O(Fade Out) : 화면이 점점 어두워지면서 암전됨.
- dis.(dissolve) : 앞의 장면이 서서히 어두워지면서 다음 장면에서 점점 밝아지는 장면전환 효과.
- M(Music) : 음악
- E(Effect) : 효과음
- V.O(Voice Over, 보이스 오버) : 화면 밖에서 들리는 소리.
- nar.(Narration) : 등장인물 외의 해설자가 등장하여 상황이나 등장인물의 심리를 설명해주는 대사.

세하게 쓰고, 덜 중요한 장면은 너무 지루하지 않도록 사건을 빠르게 진행시키거나 반드시 필요하지 않은 장면은 생략을 하는 것도 좋습니다. 일반적으로 장편영화의 길이는 100분 내외로, 영화의 스타일에 따라 다르긴 하지만 보통 100~120씬 정도(롱테이크 영화의 경우는 70~80씬 정도)입니다. 시나리오의 분량으로는 보통 A4용지 기준으로 한 페이지를 2분 정도로 보는데, 완성된 시나리오를 감정을 담아 소리 내어 정독을 해보면 실제 만들어진 영화의 러닝타임과 비슷한 시간이 소요됩니다.

5장

편의점에 앉아 있는 수민과 지연.
컵라면을 먹고 있다.
배가 고픈 듯 후루룩 소리를 내며 먹는 수민과 달리,
지연은 추운 듯 국물만 홀짝이고 있다.

수민　(진지하게) 나 요새 자꾸 이상한 꿈만 꿔.

지연　무슨 꿈인데?

수민　복면 쓴 남자들이 내 작업실에 쳐 들어와선
　　　　진짜 엄청 큰 망치로 날 죽이려고
　　　　내 머리와 몸을 망치로 잔인하게... (생각만으로도 끔찍한 표정)

지연　(끼어드는) 망치? 못 박는 거?

수민　아니, 그런 자잘한 게 아냐. 진짜 엄청 컸다니까.
　　　　(손 벌려 크기 보여주는) 한 이만했나.

지연　에, 그럼 별로 안 크네.

수민　사실 니가 겁먹을까봐 작게 보여준 거야.
　　　　(손 좀 더 벌리며) 한 이 정돈 됐을 걸?

지연　(막 웃는다) 그게 뭐야. 그만한 망치가 세상에 어딨어?

수민　아, 진짜 얘가 또 내 말 못 믿네.

지연　(국물을 마시고는) 다 식었다.

수민　뭐 딴 거 먹을래? 커피? (일어서려는데)

지연　아니, 나 그냥 갈래.

지연이 먹던 테이블 위에 있는 라면과 여러 집기들을 정리해
편의점 쓰레기통에 버린다.
그런 지연 곁에서 슬쩍 도와주며 말을 거는 수민.

[도판8] 영화 〈혼자〉의 시나리오

〈혼자〉(박홍민 감독, 농부영화사, 2015).
이주원, 송유현 주연의 장편 극영화.
한 남자의 끝나지 않는 악몽에 대한 이야기.

6. 시나리오의 분석 및 수정

일단 시나리오를 썼으면 내가 시나리오를 통해 표현하려고 한 이야기가 관객에게 적절히 전달되는지를 검토해야 합니다. 이를 위하여 여러 번 시나리오를 읽으며 전체적인 이야기의 뼈대에서부터 각 장면들의 기능을 검토하고 분석하도록 합니다. 이럴 때 전체 씬을 요약해서 나열한 '씬 구성표'(장면 구분표라고도 합니다)를 만들어 보면 이야기의 골격을 파악하기가 쉽습니다. 씬 구성표에는 씬 번호, 장소, 시간, 간단한 내용, 배우, 소품 등의 내용을 한눈에 보기 쉽도록 표로 만들어 정리합니다.

처음 쓴 시나리오 초고를 검토하여 몇 번 수정을 거치면서 전체적인 내용이 어느 정도 정리되면 다른 학생이나 선생님께 보여주고 의견을 들어보는 것도 많은 도움이 됩니다. 이렇게 모니터링을 할 때에는 자기가 하고 싶은 이야기를 이해시키기 위해 자세한 '설명을 하기'보다는 그냥 시나리오만을 읽고 내용이 이해되는지 '의견을 듣는' 것이 중요합니다. 시나리오를 읽은 사람이 문제점을 지적하면 굳이 변명하려고 할 필요는 없습니다. 만약 모니터링 내용이 자기 생각과 많이 다르다고 하더라도 의견을 잘 듣고 필요하다면 메모를 하는 것도 좋습니다.

이렇게 여러 명의 의견을 듣고 나면 다시 시나리오를 어떻게 수정할지 찬찬히 검토합니다. 많은 사람들의 의견은 각자

서로 다르고 이 의견들을 모두 시나리오에 반영할 수도 없고, 그럴 필요도 없습니다. 다만 여러 의견들을 바탕으로 어떻게 수정을 해나갈지 계획을 세우는 데 참고 자료로 사용하여, 궁극적으로 시나리오를 보완하고 발전시키면 됩니다.

독립 장편영화 <혼자> 씬구성표

PD : 차혜진
감독: 박홍민
조감독 : 김태영

S #	극중장소	촬영장소	촬영내용	수민	지연	조단역	보조출연
0	수민 작업실	신당동 366-104 5층	스티키 롤러로 방을 청소하는 수민의 시점	O	X	X	X
1-1	옥상	신당동 366-104 옥상	동네 원경에서 인물들 몸싸움 끝에 지연의 죽음 그리고 수민의 반응	O	O	복면보스, 복면망치남, 복면막내	X
1-2	복도, 수민 작업실	신당동 366-104 5층	옥상에서 내려온 수민이 어쩔 줄 모르다가 복면남들에게 죽임을 당한다.	O	X	복면보스, 복면망치남, 복면막내	X
2-1	정자, 골목길, 작업실 앞 도로	중구 동호로 11바길 32	알몸인 채 정자에서 깨어나 골목을 내려와서 작업실 앞 도로를 건너는 수민. 복면 망치남이 뒤쫓는다.	O	O	아이, 복면망치남	X
2-2	복도, 수민 작업실	신당동 366-104 5층	작업실 문이 열리지 않자, 창문을 통해 들어가 목이 잘린 더미를 발견하는 수민. 복면망치남이 목을 조른다.	O	X	복면망치남	X
3-1	정자, 골목길	중구 동호로 11바길 32	피가 흥건한 채, 정자에서 깨어나, 아이와 아버지를 만나고 아버지와 싸우는 수민.	O	O	아이, 아버지	X
3-2	주택 (방, 부엌)	미확인	잠에서 깬 아이와 어머니와의 대화 (회상)	X	X	아이, 어머니	X
3-3	골목길	중구 동호로 11바길 32	수민에게 헤어지자는 지연. 머리에서 피가 흐르는 그녀를 잃어버리고 찾아 헤매다 어머니와 만나고 도망치는 수민.	O	O	아이, 아버지, 어머니	X
3-4	작업실 앞 도로	신당동 366-104	수민이 골목에서 나와서 도로를 건너 택시에 탄다.	O	X	X	X
3-5	택시 안	약수 일대	택시 안에서 수민과 택시기사가 대화를 나눈다.	O	X	X	택시기사
4-1	정자, 골목길	중구 동호로 11바길 32	혼란스러운 상태로 골목을 헤매는 수민	O	X	X	X
4-2	주택 (거실)	미확인	수민에게 음성메시지를 남기는 어머니 (회상)	X	X	어머니	X
4-3	옥상	신당동 366-104 옥상	자살하기 전 카메라에 말을 남기는 수민	O	X	X	X
5-1	편의점, 길거리	중구 다산로 75	라면을 먹고 길을 걸으며 대화를 나누는 수민과 지연	O	O	X	X
5-2	복도	신당동 366-104 5층	문 앞에서 주저앉는 수민. 문 틈으로 나오는 연기	O	X	X	X
6-1	수민 작업실, 복도	신당동 366-104 5층	연기 속에서 지연을 찾고 울음을 터뜨리는 수민. 닫히는 문.	O	O	X	X
6-2	작업실 앞 도로, 복도	신당동 366-104	도로를 건너 작업실 쪽을 바라보는 수민	O	O	X	X

Ⅱ. 제작기획과 예산안

1. 제작기획

앞에서 이야기한 기획 방향이 바람직한 의도를 가지고 있고 의미 있는 작품이 될 가능성이 높다고 하더라도, 실제로 영화를 완성하고 배급하는 것은 전혀 다른 차원의 일이라고 할 수 있습니다. 영화제작에 참여할 스태프를 구성하고 배우를 캐스팅하는 한편, 촬영에 필요한 장소를 섭외하고 장비를 대여하는 일들은 좋은 의도만 가지고는 진행할 수 없는 지극히 현실적인 일들입니다. 아무리 좋은 아이디어를 가지고 있더라도 그것을 영화화할 수 있는 구체적인 방안이 없다면 계획만 그럴싸할 뿐 실제 영화라는 완성된 결과물을 만들어내기는 어렵습니다.

영화제작을 위한 구체적인 방안을 세우는 데 필수적인 일 중 하나가 예산계획을 짜는 것입니다. 앞에서 어떤 영화를 만들어야겠다는 기획안을 만들었다면, 이제 그 기획을 실행시키기 위한 세부계획, 즉 제작기획안을 만들어야 합니다.

제작기획안에서는 영화를 제작하기 위한 단계별 일정에 대한 계획과 스태프의 구성, 배우의 캐스팅, 촬영 장소의 헌팅과 섭외, 촬영 장비의 대여스케줄, 촬영 일정, 후반작업 업체들과의 계약, 영화를 완성한 후의 배급계획 등을 구체적으로 작성합니다.

제작기획안에서 중요한 것 중 하나는 영화제작에 필요한 비용을 어떻게 조달하고, 또 완성된 영화를 어떻게 유통, 즉 배급할 것인지에 대한 계획을 세우는 일입니다.

대다수의 학생들은 단편영화를 제작하기 위한 예산을 마련하기 위하여 방학 동안 아르바이트를 하거나, 때로는 제작비가 없어서 휴학을 하는 경우도 보았습니다. 마땅히 단편영화 제작을 위한 예산을 마련할 다른 방법을 찾지 못해서겠지만 영화는 기본적으로 매체의 속성상 많은 인원과 장비, 예산이 필요하기 때문에 이를 개인이 모두 부담하기는 어려운 것이 사실입니다. 그래서 보다 적극적으로 제작 예산을 어떻게 마련할지에 대해 고민하고 계획을 세우는 것이 필요합니다.

다행히 요즘에는 단편영화나 영상 콘텐츠의 제작비를 지원해주는 다양한 사업들이 있습니다. 모든 학생들이 외부 지원을 받아서 영화를 제작할 수 있는 것은 아니겠지만, 부지런히

발품을 팔고 미리미리 제작 지원 사업들을 찾아보고 준비하면 큰 도움을 얻을 수도 있습니다. 크게는 영화진흥위원회의 독립영화 제작 지원 사업에서부터 각 도·시·군 지자체별로 운영하는 영상위원회의 제작 지원 사업들, 그리고 각종 예술재단들에서도 제작 지원 사업을 운영하고 있으며 영상 관련 기업들이나 종교 단체에서도 공모를 통해 제작비를 지원해주기도 합니다. 또한, 제작비 지원 외에도 영화제작에 필요한 장비나 촬영 장소 지원, 후반작업 등을 현물로 지원해 주는 곳도 많습니다. 구체적으로 어디에서 제작 지원을 받을 수 있는지 모르겠다면 구글과 같은 포털 검색사이트에서 '단편영화 제작 지원'과 같이 검색하기만 해도 많은 정보를 얻을 수 있습니다. 물론 제작 지원 사업들은 공모 시기가 각각 다르기 때문에 미리 어떤 지원 사업들이 언제 있는지 조사해 놓고 사업 공고가 나면 바로 지원을 할 수 있도록 준비를 해놓아야만 놓치지 않고 도움을 얻을 수 있습니다. 제작 준비를 다 마친 후에 제작 지원 사업을 찾아보면 원하는 시기에 맞춰 제작 지원을 하는 사업을 찾기 어려울 수도 있기 때문에, 사전 조사를 통해 어느 기관에서 연중 어느 시기에 제작 지원 사업 공고를 내는지를 파악하고 있어야 합니다.

　제작 지원 사업의 신청을 위해 준비해야 할 것들은 사업 주체에 따라 다르겠지만 기본적으로 요구하는 것은 시나리오,

제작기획서(안), 기획의도, 감독 또는 제작자의 프로필과 경력, 포트폴리오 등입니다. 간혹 지자체의 경우 감독이나 제작자가 해당 지자체에 거주해야 한다거나, 영화의 몇 퍼센트를 해당 지역 내에서 촬영해야 한다는 등의 조건이 붙는 경우도 있습니다. 종교 단체나 예술재단 같은 경우 그 재단의 이념과 연관이 있는 소재의 영화 등을 지원하는 경우도 있으니 신청하려고 하는 지원 사업의 취지가 무엇인지를 미리 파악하는 것도 중요할 것입니다.

2. 예산안의 작성

제작기획안에서 가장 중요한 부분 중 하나가 바로 이 모든 과정에 비용이 어느 정도 필요할지에 대한 계획을 세우는 일입니다. 이것을 제작예산서라고 하는데, 처음 단편영화를 만드는 학생들은 어느 과정에 얼마의 비용이 소요될지에 대해 잘 알지 못한 채 촬영을 시작했다가 미처 생각지 못한 부분에서 예산이 점점 불어나서 나중에는 통제 불능 상태가 되어 제작이 중단되거나 영화를 완성하고 나서 많은 빚을 떠안게 되기도 합니다.

예산서를 작성하는 일은 시나리오와 기획에서부터 시작됩니다. 가장 먼저 시나리오가 담고 있는 이야기의 배경, 장소 등을 화면에 담기 위한 영화 미술의 규모를 어떻게 가져갈 것인지에 따라 예산의 규모가 크게 달라질 수 있습니다. 직접 시나리오의 분위기와 같은 실제 장소를 찾아가서 촬영을 하는 방법과 촬영의 편의를 위해 실제와 비슷하게 오픈세트를 만들어서 촬영을 할 수도 있습니다. 또는 비용을 줄이기 위해 이미 만들어진 세트를 빌려서 사용할 수도 있습니다. 중요한 것은 자신의 영화를 제작하는 여러 방식 중에서 어느 것이 처음의 기획을 가장 효과적으로 반영하고, 효율적인 방식으로 예산을 절감하면서 제작할 수 있는 방법인가를 고려하여 결정하여야 합니다.

제작 일정은 예산안에서 큰 비중을 차지합니다. 같은 시나리오를 어떤 방식으로 촬영하는지에 따라 1억의 예산으로 제작할 수도 있고, 100억의 예산이 필요할 수도 있습니다. 예산의 규모에 적절한 촬영 방식과 일정 계획을 세워야 합니다.

스태프의 구성과 배우의 캐스팅도 마찬가지입니다. 스태프가 많으면 영화제작을 위해 해야 할 일들을 분야별로 세분화해서 진행할 수는 있겠지만, 인건비와 진행비가 필요 이상으로 많이 소요될 수도 있기 때문에 영화의 기획에 어울리는 적절한 스태프 규모를 운영하는 것이 좋습니다. 또한, 촬영에 필요한 장비를 어느 정도 사용할 것인가도 예산 규모에 많은 영향을 주는 부분입니다. 장비를 많이 사용한다면 영화의 완성도를 높이는 데 도움이 될 수는 있지만, 장비 대여료도 많이 소요될 것이고 장비 규모가 커지면 이를 운용할 스태프도 늘어나야 하기 때문에 인건비와 식비, 교통비, 숙박비 등 진행비도 전체적으로 늘어나게 되어 예산이 크게 증가하게 됩니다. 특히, 장소 이동이 잦은 경우에는 장비와 인원의 이동 등을 고려하여 영화제작에 참여하는 인원과 장비, 차량의 규모를 적절하게 운용하여야 합니다.

그런데 단편영화를 제작하는 많은 학생들의 경우 제작비가 충분하지 않다는 이유로 예산서의 작성을 소홀히 하는 경우가 있습니다. 간혹 학생들의 예산서를 받아보면 대부분의 항목이 빠진 채 스태프와 배우들의 식대만 덜렁 몇 줄 작성되어 있는 경우도 있습니다. 이런 경우는 대부분 원래의 계획보다 훨씬 더 많은 예산이 소요되어 촬영 중에 초과된 예산을 마련하기 위해 애를 쓰게 됩니다.

예산을 절감하기 위해서는 프리프로덕션 과정에서 준비를 철저하게 하는 것이 중요합니다. 촬영에 필요한 소모품들 하나도 미리 준비하면 보다 저렴하게 구할 수 있는 것들을 막상 촬영 현장에서 급히 구하려다 보면 훨씬 비싸게 구입해야 하는 경우를 흔히 보곤 합니다.

대부분의 학생 단편영화들은 영화 미술에 많은 비용을 들여서 영화를 제작하기 어렵기 때문에 영화의 완성도를 높이기

제작비 예산서

*[대분류항목], [소분류를 가지고 있는 중분류 항목]은 금액을 입력하지 않고 자동으로 생성되는 영역임
*[소분류가 없는 중분류 항목]과 [소분류항목]에만 입력
*[금액], [위원회 지원신청금액],[세부내역]항목에만 입력

대	중	소	항목	단가	수량	금액	위원회 지원신청금액	세부내역
			Development			0	0	
11	00	00	기획개발비			0	0	
11	01	00	기획비			0		
11	02	00	판권/저작권비			0	0	
11	02	01	원작			0		
11	02	02	원안			0		
11	02	03	스토리판권구매			0		
11	02	04	리메이크판권			0		
11	02	05	변역			0		
11	02	06	판권구매대행			0		
11	02	07	법적자문			0		
11	03	00	시나리오			0	0	
11	03	01	감독			0		
11	03	02	감독보조			0		
11	03	03	각본			0		
11	03	04	각색			0		
11	03	05	윤색			0		
11	03	06	보조작가			0		
11	03	07	대사정리			0		
11	03	08	변역			0		
11	03	09	시나리오자문			0		
11	04	00	시나리오진행비			0	0	
11	04	01	숙박			0		
11	04	02	식대			0		
11	04	03	부식잡비			0		
11	04	04	교통			0		
11	04	05	우편/배송			0		
11	04	06	문구/소모품			0		
11	04	07	자료구입/대여			0		
11	04	08	자료조사			0		
11	04	09	리서치			0		
11	04	10	시나리오복사			0		
11	04	11	시나리오제본			0		
11	04	12	차량			0		
11	04	90	작업실임대료			0		
11	04	91	작업실공과금			0		
11	05	00	기획개발진행비			0	0	
11	05	01	프로듀서			0		
11	05	02	프로듀서보조			0		
11	05	03	숙박			0		
11	05	04	식대			0		
11	05	05	부식잡비			0		
11	05	06	교통			0		
11	05	07	우편/배송			0		
11	05	08	문구/소모품			0		
11	05	09	접대비			0		
11	05	99	기획개발진행비일괄			0		
			Pre-Production			0	0	

[도판10] 제작비 예산서 예시. 영화진흥위원회 제작 지원신청양식

위해서 로케이션 헌팅은 특히 중요하다고 할 수 있습니다. 그런데 좋은 촬영 장소를 찾는 것은 비용을 많이 쓰는 것보다도 프리프로덕션 과정에서 얼마나 많은 시간과 노력을 들이느냐에 달려 있다고 해도 과언이 아닙니다. 그러므로 예산의 제한을 더 많이 받는 독립영화나 단편영화에서는 프리프로덕션 과정에서 최대한 준비를 잘해서 적은 예산으로 최대한의 효과를 낼 수 있도록 해야 합니다.

제작 지원 사업 공고 예시.
2019년 독립·예술영화 제작 지원 사업 공고

Ⅲ. 스태프의 구성

1. 감독

　한 편의 영화를 만들기 위해서는 여러 역할의 스태프들이 필요합니다. 감독이 아무리 많은 것을 알고 있다고 하더라도 혼자서 모든 것을 다 할 수는 없기에 좋은 스태프들과 공동작업을 하는 것이 중요합니다. 그렇기 때문에 좋은 영화를 만들기 위해서 실력 있는 스태프들이 각자의 자리에서 능력을 잘 발휘할 수 있도록 이끌어 가는 것도 감독의 중요한 역할이라고 할 수 있습니다. 때문에 영화감독은 종종 배의 선장에 비유되곤 합니다. 배가 어디로 나아가야 할지 방향을 설정하듯이 영화를 어떻게 만들어야 할지에 대한 전체적인 방향을 제시하고 이를 위해 각 스태프들에게 적절한 역할을 수행하도록 하죠.
　전체 스태프들의 수장으로서의 역할 이외에 감독의 가장 중요한 역할은 무엇보다 연기연출이라고 할 수 있습니다. 연기자

[도판11] 영화촬영 현장의 스태프(1930년대 할리우드 스튜디오)

들의 연기를 이끌어내고, 배우들 각자의 연기 톤을 영화의 스타일에 맞게 일관된 방향으로 조정해 나가는 것은 감독만이 할 수 있는 일입니다. 이를 위해 감독은 영화에 등장하는 각각의 캐릭터에 대해 누구보다도 잘 알고 있어야 하고, 역할을 맡은 배우들과 함께 생동감 있는 캐릭터를 만들어나가야 합니다.

영화의 제작과정에서 감독은 수많은 선택의 순간에 부딪히게 됩니다. 유능한 스태프들은 저마다의 아이디어와 콘셉트를 가지고 회의에 참석합니다. 하지만 항상 각 파트들의 의견이 하나로 모아지는 것은 아니기에 감독은 이런 여러 가지 의견들이 일관된 방향으로 모아질 수 있도록 조율하고 선택하여 영화의 스타일을 구축해야 합니다. 이런 과정에서 감독은 자주 갈등 상황에 직면하게 되기에 누구보다 스트레스를 많이 받는 직책이라고 할 수 있습니다. 그렇기 때문에 이런 스트레스를 잘 이겨내고, 인내심을 가지고 끝까지 방향을 잃지 않도록 해야 합니다.

2. 프로듀서와 라인프로듀서

상업영화에서 제작자와 프로듀서(Producer)는 영화의 기획 단계에서부터 배급, 상영 단계에 이르기까지 영화의 제작과정 전체를 책임지는 역할을 합니다. 영화의 제작자는 제작사의 대표로 영화의 기획과 투자, 배급 등 영화가 제작될 수 있도록 산업적인 여건을 마련하는 역할을 합니다. 실제로 영화 한 편의 전체 제작예산을 책임지고 살림을 꾸려나가는 것은 프로듀서 고유의 일입니다. 큰 규모의 제작사에는 여러 명의 프로듀서가 있어서 동시에 서로 다른 각각의 영화를 개발하고 진행시키기도 합니다. 감독이 영화의 미학적인 부분 전체를 책임지는 사람이라면 제작자와 프로듀서는 제작 예산의 관리에서 홍보, 배급까지를 포함하는 영화의 산업적인 부분 전체를 책임지는 사람이라고 할 수 있습니다. 하지만 학생들이 만드는 대다수의 단편영화에서 실제로 제작자나 프로듀서의 역할은 감독이 겸하게 되는 경우가 많기 때문에 단편영화 제작과정에서 프로듀서는 거의 라인프로듀서(Line Producer) 역할을 하게 됩니다.

라인프로듀서는 기획이나 시나리오 개발 등에는 참여하지 않지만 주로 촬영을 진행하는 프로덕션 단계에서 예산을 집행하고 관리하는 일을 합니다. 제작팀에서는 라인프로듀서 아래에 여러 명의 프로덕션 매니저를 두어 업무를 분담해 일을 합니다. 프로덕션 매니저는 라인프로듀서를 도와 제작 현장에서 순조롭게 촬영이 진행되도록 현장을 통제하고, 스태프들의 식사 및 숙박을 지원하며, 촬영 현장에 도착한 장비 차량들이 주차 공간을 확보하는 등 스태프들이 촬영에 전념할 수 있도록 하는 역할을 합니다. 우리나라의 영화촬영 현장에서는 라인프로듀서를 제작실장, 프로덕션 매니저를 제작부장이라고 부르기도 합니다.

학생들이 제작하는 단편영화는 대부분 적게는 200만 원에서부터 많게는 600~700만 원 정도의 예산 안에서 운영됩니다. 학교에서 진행하는 워크숍의 경우 스태프들 인건비가 소요되지 않는 경우가 대부분이라 제작 예산은 연기자의 캐스팅과 촬영 기간 동안의 식비, 교통비 등의 진행비, 카메라와 조명기를 포함한 촬영장비 대여료, 그리고 세트와 장소 대여 및 미술비용이 가장 큰 비중을 차지합니다.

단편영화에 출연하는 배우들의 출연료는 경력이나 인지도

에 따라 보통 회당 10만 원에서 30만 원 정도지만 때론 특별출연이나 우정출연 등으로 교통비 등만 받고 출연을 해주는 경우도 흔히 있습니다.

　카메라나 조명기는 보통 학교에서 보유하고 있는 경우가 많은데, 요즘에는 전문적으로 촬영 장비를 대여해주는 업체들이 많이 생겨서 최신 카메라를 저렴한 가격에 대여하여 사용하는 경우도 많습니다. 가끔 촬영 장비 대여 회사들에서는 학생들에게 특별히 할인가로 장비를 대여해주거나 무료로 촬영 장비를 대여해주는 제작 지원 사업을 운영하는 경우도 있으니 잘 알아보면 저렴한 가격으로 장비를 대여할 수 있는 방법을 찾을 수 있을 것입니다. 보통 학생들이 사용할 수 있는 정도의 카메라는 종류에 따라 다르지만 액세서리를 포함하여 하루에 10~30만 원 선에 빌릴 수 있는데, 대부분 며칠을 연속해서 대여하게 되면 할인을 받을 수 있기에 촬영 일정을 잘 계획하면 임대 비용을 줄일 수 있습니다. 조명기는 종류에 따라 개당 몇 천 원에서 몇 만 원 선에서 대여할 수 있는데, 조명기를 많이 빌리게 되면 그만큼 많은 조명 스태프가 필요하게 된다는 점을 감안해 조명 계획을 세워야 합니다. 또한 조명작업의 규모가 커지면 발전차를 추가로 사용해야 하기 때문에 회당 60~100만 원 정도의 추가 비용이 더 발생하게 되므로 예산 규모에 적절하게 장비를 사용하는 것이 좋습니다.

영화제작은 작업의 규모를 어떻게 가져가느냐에 따라 전체 예산에 큰 차이가 있을 수 있기 때문에 무엇보다도 어느 정도의 규모로 촬영을 진행할지 제작과정에 참여하는 스태프들 사이에 합의가 필요합니다. 적은 예산에도 값비싼 카메라를 사용한다거나 많은 조명기를 사용하는 등 어느 파트에서 지나치게 많은 예산을 사용하게 되면, 다른 파트에 꼭 필요한 예산이 모자라게 되어 결과적으로 전체 영화의 완성도를 떨어뜨릴 수 있습니다. 따라서 영화제작 예산은 언제나 충분하지는 않지만 한정된 예산을 영화제작의 전 과정에 적절하게 사용하여 영화의 전체적인 완성도를 높이는 것이 중요하다고 하겠습니다.

3. 조감독과 연출팀

조감독은 감독을 도와서 촬영에 필요한 준비사항을 체크하고 촬영 현장의 진행을 맡아 이끌어가는 역할을 합니다. 프리프로덕션 과정에서는 캐스팅과 로케이션 헌팅, 의상과 소품, 세트 제작 등 전반적인 촬영 준비과정의 진행을 체크하고, 촬영 현장에서는 스케줄 관리와 현장 진행을 책임집니다. 조감독은 연출팀의 업무를 적절히 분배하여, 캐스팅 및 배우 관련 업무 담당, 의상 및 소품 담당, 로케이션 담당 등의 연출팀을 구성합니다.

조감독은 다른 파트들의 촬영준비 상황을 파악하고 차질이 없도록 진행을 시켜야 하기 때문에, 꼼꼼하고 치밀하게 업무를 수행할 수 있어야 합니다. 또한 프로덕션 과정에서 촬영 스케줄은 매우 중요한 사항으로 조감독이 실수로 배우들의 일정을 잘못 조율하거나 하면 계획대로 촬영을 할 수 없게 되어버리기 때문에 신중하게 작성해야 합니다.

콘티뉴이티 슈퍼바이저(continuity supervisor)라고도 부르는 스크립터(scripter, script supervisor)는 연출팀 내에 위치하기도 하고 감독의 직속으로 구성되기도 하는데, 촬영을 진행하는 동안 배우들의 대사나 행동, 의상, 소품 등이 장면에 적합하게 사용되고 있는지를 기록하는 역할을 합니다. 촬영 현장은 항상 여러 가지 변수가 존재하기 때문에 사전작업 단계에서 준비하고 계획했던 부분들이 촬영 현장에서 달라지거나 바뀌게 되기도 하는데, 이를 잘 메모해두지 않으면 어떤 부분이 어떻게 달라졌는지 알 수 없게 됩니다. 영화 촬영은 시나리오의 순서대로 진행되는 것이 아니기 때문에, 이렇게 바뀌는 부분들이 잘 기록되고 관리되지 않으면 앞뒤의 내용과 상황이 뒤죽박죽되어버릴 수도 있습니다. 흔히 드라마나 영화에서 옥의 티라고 부르는 장면들은 대부분 이런 과정에서 일어나곤 하죠.

한국에선 흔히 슬레이터라고 부르는 슬레이트 오퍼레이터(slate operator)는 클래퍼(clapper, the slate)를 조작하는 역할로 화면과 사운드를 분리해서 따로 기록하는 영화의 특성상 후반작업에서 화면과 사운드의 싱크를 맞추기 위해서 각 쇼트의 앞에 슬레이트를 쳐서 싱크의 기준점을 기록하는 역할을 합니다. 할리우드에서는 주로 촬영팀의 제2조수가 맡고 있지만 한국에서는 대부분 연출팀에서 맡고 있는 경우가 많죠.

4. 촬영감독과 촬영팀

촬영감독은 영화의 장면을 카메라에 담는 역할로 영화 장면의 품질에 가장 직접적으로 영향을 주기 때문에 감독을 제외하면 어느 누구보다도 중요한 사람이라고 할 수 있습니다. 한국에서는 대부분의 촬영감독들이 직접 카메라를 조작하고 있지만, 비교적 큰 규모의 영화들의 경우에는 촬영감독 외에 카메라 오퍼레이터를 별도로 두는 경우도 있습니다. 근래에는 여러 대의 카메라를 동시에 촬영하는 경우도 많아서 메인 카메라 외에 B-Camera Operator, C-Camera Operator 등과 같이 오퍼레이터를 따로 고용하는 경우가 많아졌습니다.

단편영화에서도 격투 장면이나 차량 씬 등에 여러 대의 액션캠(action cam, 스포츠 등 격렬한 움직임을 촬영하기에 적합한 작은 크기의 카메라) 등을 사용하여 멀티카메라(multi camera) 시스템을 사용하는 경우가 많아졌죠.

[도판12] 할리우드 스튜디오의 촬영 스태프들(1950년대)

촬영감독은 단순히 카메라를 조작하는 것뿐만 아니라 영화 전체의 시각적 스타일과 콘셉트에 대하여 감독과 함께 계획을 세우고 이를 구체화할 수 있는 방법을 모색하는 역할을 합니다. 그리고 조명감독과 함께 조명의 콘셉트와 계획을 수립하기도 합니다.

촬영팀은 흔히 제1조수(1st Camera Assistant), 제2조수(2nd Camera Assistant) 등과 같이 경력과 서열에 따라 역할을 나누기도 하는데, 각 조수의 역할은 촬영팀마다 조금씩 차이가 있기도 합니다. 보통 업무의 중요도에 따라 제1조수는 화면의 포커스와 노출값 설정을 담당하고, 제2조수는 카메라의 설치와 세팅을, 제3조수는 촬영한 필름이나 메모리카드와 같은 데이터의 관리, 제4조수는 제2조수를 도와 카메라의 설치 및 소모품의 관리 등을 책임지게 됩니다. 촬영파트에도 기록해 두어야 할 중요한 데이터 등을 전담해서 관리하는 촬영 스크립터를 별도로 운영하기도 합니다.

크레인이나 달리와 같은 카메라 이동장비를 사용할 때는 촬영팀 외에 그립팀(Key Grip, Grip Team)을 별도로 운영하는 것이 일반적입니다. 굳이 크레인과 같은 장비를 필요로 하지 않는 단편영화 작업의 경우에는 예산을 줄이기 위해서 카메라 이동을 위하여 그립팀을 별도로 운영하는 대신 촬영팀에서 달리(dolly, 이동차)나 휠체어 등을 운영하는 정도로 팀을 구성하기도 합니다.

5. 조명감독

조명감독은 촬영감독과 함께 장면의 조명을 계획하고, 조명기를 이용해 장면의 분위기를 연출하는 역할을 하는 사람입니다. 대부분의 영화 촬영 현장에서 조명은 가장 많은 장비와 인원을 필요로 하는 파트이기도 하죠. 조명의 규모를 어떻게 계획하느냐에 따라 제작 예산도 상당히 달라지기 때문에, 특히 단편영화의 경우에는 처음부터 영화의 규모에 적합한 조명작업을 계획하는 것이 중요합니다. 상업영화의 경우 많은 양의 조명기를 필요로 하기 때문에 반드시 발전차가 현장에 있어야 하지만, 학생 단편영화의 경우 발전차를 사용할 경우와 촬영장 주변의 가정용 전기를 활용할 경우에 제작비의 차이가 매우 크기 때문에 예산을 고려해 조명 규모를 잘 계획해야 합니다.

조명팀의 구성도 경력과 서열에 따라 제1조수, 제2조수 등으로 부르는데, 제1조수가 조명감독의 지시에 따라 조명팀원들에게 각자의 업무를 배분합니다. 단편영화의 경우 비교적 인원이 덜 필요한 야외 낮 장면을 촬영할 때는 인원을 줄이고, 밤 장면이나 세트 촬영을 할 때에는 인원을 더 충원하는 식으로 조명팀을 탄력적으로 운영하기도 합니다.

6. 미술감독

미술감독은 영화의 모든 시각적인 부분에 관여하며, 사전준비 단계에서는 영화의 시각적 스타일을 계획하는 데 많은 도움을 줄 수 있는 사람입니다. 때로 영화의 종류에 따라 사극이나 판타지 영화에서처럼 특히 그 비중이 매우 커지기도 합니다. 미술감독은 세트제작팀, 소품팀, 의상팀, 분장팀 등과 함께 작업을 하며 때로 한 회사 안에서 관련 파트들을 직접 운영하기도 합니다.

미술 분야 역시 어떻게 접근하느냐에 따라 예산 규모가 크게 달라지기 때문에 미술 콘셉트를 어떻게 접근할 것인지 예산 규모를 고려하여 계획을 잘 세우는 것이 중요합니다.

영화에서 보여지는 장면의 시각적인 부분은 미술적인 요소에 어떻게 조명을 하고 어떻게 촬영을 하느냐에 따라 달라지고, 후반작업에서 컴퓨터그래픽이나 색보정을 통해 최종 결과물을 얻게 됩니다. 이것은 좋은 품질의 결과물을 얻기 위해서는 미술, 조명, 촬영, 후반작업 파트들의 협업이 중요하다는 의미이기도 하면서, 처음 미술 작업이 제대로 되지 않으면 그 이후의 모든 작업들이 계획대로 되지 않는다는 뜻이기도 합니다.

7. 사운드디자이너와 음악감독, 동시녹음 감독

사운드 분야는 우선 촬영 현장에서의 동시녹음 분야와 후반작업에서의 사운드 분야로 나눌 수 있습니다. 보통 영화 전체의 사운드를 책임지고 계획하는 역할은 사운드디자이너로서 현장에서 녹음된 대사와 배경음, 효과음 등은 물론 후반작업에서 따로 만들어진 효과음들과 더빙한 목소리, 음악 등 모든 사운드 요소를 책임지는 사람입니다.

촬영 현장에서의 동시녹음 감독은 최대한 현장의 대사와 소리들을 잘 녹음할 수 있도록 사전준비 단계부터 로케이션 헌팅 등에 참여하면서 의견을 제시하고 준비를 합니다. 촬영 현장에서 동시녹음 감독은 디지털 녹음기를 조작하면서 마이크를 컨트롤하는 붐 오퍼레이터(Boom Operator)와 오디오 케이블(Audio Cable)을 관리하는 케이블맨(Cable Man) 등과 함께 작업을 합니다.

8. 후반작업에 참여하는 스태프들

편집감독은 촬영이 끝나면 화면과 사운드 데이터를 넘겨받아 편집을 진행합니다. 예전에 영화제작에 주로 필름을 사용할 때는 현상한 네거티브 필름을 인화(print)한 러시프린트(rush print)를 직접 자르고 붙여가며 편집을 했지습니다. 그러나 편집과 후반작업 과정이 디지털화된 이후에는 필름으로 촬영한 이미지를 스캔하여 디지털 데이터로 만들어 후반작업을 진행한 후에 완성된 영상을 다시 필름에 옮겨 극장에서 상영을 하는 방식을 사용했습니다. 근래에는 디지털 카메라가 일반화되어 촬영 단계에서부터 필름을 사용하지 않고 디지털 카메라로 촬영한 후에 후반작업을 진행하고 상영까지도 디지털 영사기로 바뀌게 되면서 전체 영화의 제작공정이 디지털화되어 보다 간편해졌습니다.

후반작업 과정에서 사운드 파트는 동시녹음된 소리 외에 필요한 소리들을 만들고 편집하며 믹싱(sound mixing)하는 역할을 합니다. 이런 전체 사운드 작업을 지휘하는 역할은 사운드디자이너(sound designer)가 맡게 되는데, 효과음을 만들어내는 폴리 아티스트(foley artist), 사운드 편집자, 믹싱을 담당하는 기술자 등과 함께 작업을 하게 됩니다.

영화음악은 대사나 효과음과 같은 영화의 다른 소리들과 밀접한 연관이 있기 때문에 영화음악 감독이 프리믹싱한 음원을 가지고 와서 사운드믹싱 단계에서 최종 믹싱을 하게 됩니다.

시각효과팀은 컴퓨터그래픽(computer graphic, CG)과 같은 특수 영상처리를 다루는 분야이고, 디지털 후반작업이 일반화된 요즈음은 영화가 최종 완성되기 전에 전체 화면의 톤과 질감, 화면효과 처리 등을 담당하는 디아이(digital intermediate, DI) 분야도 매우 중요한 분야가 되었습니다.

9. 기타 파트들

영화의 성격에 따라 특수분장팀이나 무술팀, 특수효과팀, 항공촬영이나 수중촬영팀 등이 필요할 수도 있습니다. 〈부산행〉(연상호 감독, 2016)과 같은 판타지 영화에서 특수분장은 특히 중요한 분야이며, 액션영화의 경우 무술팀이, 〈인천상륙

[도판13] 영화 〈부산행〉　　　　　[도판14] 영화 〈인천상륙작전〉

작전〉(이재한 감독, 2016)과 같은 전쟁 영화에서는 총기류나 폭약 등을 취급하는 특수효과팀의 중요성이 강조됩니다. 항공 촬영이나 수중촬영 같은 특수촬영 분야는 별도의 특수촬영팀 이 참여하게 됩니다.

IV. 캐스팅

1. 캐스팅 계획과 준비

단편영화를 만들 때 디지털 기술과 같은 부분에 신경을 쓰다보면 정작 가장 중요한 연기자들에게 소홀한 경우가 있습니다. 하지만 촬영이 끝나고 후반작업을 거쳐 영화가 완성되어 감에 따라 왜 사전제작 단계와 촬영 현장에서 배우들과 좀 더 많은 시간을 함께하며 연기의 완성도를 높이지 못했는지 아쉬워하게 되는 경우가 많습니다. 우리가 보는 영화의 장면들은 드물게 사용되는 풍경이나 인서트 컷을 제외하면 대부분 배우를 촬영한 장면이고, 배우는 영화의 스토리를 통해 감독이 전하고 싶은 메시지를 관객들에게 최종적으로 전달하는 창구라고 할 수 있기에 그 중요성을 아무리 강조해도 지나치지 않습니다.

배우를 캐스팅하기 전에 감독은 영화의 등장인물에 대해 잘 알고 있어야 합니다. 시나리오에 표현된 캐릭터의 설정과 배경은 물론 시나리오에 잘 드러나 있지 않은 등장인물의 성장 환경이나 사소한 습관들까지도 분석하고 정리해 두어야 합니다. 이렇게 정리한 캐릭터 분석을 바탕으로 각 배역에 적합한 배우를 어떤 방법으로 캐스팅할지를 고려하여 캐스팅 계획을 수립하게 됩니다.

2. 배우 미팅과 오디션

배우를 캐스팅하는 방법에는 몇 가지가 있습니다. 먼저 기존에 알려진 직업배우들을 캐스팅하는 방법이 있습니다. 대부분의 직업배우들은 매니지먼트사(Management Agency)에 소속되어 있는 경우가 많기에 소속사를 통하면 쉽게 연락을 취할 수 있습니다. 직업배우들과 작업을 하려고 할 때에는 이전에 출연한 작품 등을 통해 배우의 스타일에 대해 미리 알고 접촉을 하는 것이 좋습니다. 배우와 직접 만나서 배우에 대해 알아가려면 절차나 과정에서 상당한 시간적, 물리적 비용이 소모될 수도 있기 때문입니다. 또한 배우를 직접 만나서 이야기를 해보니 생각했던 것과 달라 캐스팅이 망설여질 때, 에이전시와의 관계 때문에 입장이 난처해질 수도 있습니다. 학생들이 제작하는 단편영화에서는 직업배우들이 감독보다 더 많은 영화제작 경험을 갖고 있는 경우도 흔히 있습니다. 그러므로 감독은 배우들과의 관계에서 배우들의 경험과 노하우를 십분 활용하면서도 감독으로서의 중심을 잃지 않도록 해야 합니다.

경험이 없는 비직업배우들을 캐스팅할 때에는 더 많은 고려가 필요합니다. 배우는 캐릭터의 감정을 적절히 연기하는 것뿐 아니라 촬영과정에서 카메라의 움직임과 함께 동선을 만들어가고 프레임의 사이즈와 렌즈 화각에 적합한 연기를 해야 합니다. 그러므로 배우의 경험과 노하우는 촬영의 진행을 더 빠르게 하거나 더디게 할 수도 있으므로 촬영 시간의 측면에서도 변수가 됩니다. 특히 경험이 없는 아역 배우들은 영화 촬영 현장의 시스템에 익숙하지 않아서 촬영 중간중간의 기다리는 시간을 적절히 활용하지 못해 쉽게 지쳐버리기도 합니다.

흔히 길거리 캐스팅이라고 부르는 이미지 캐스팅의 경우와 스태프나 주변의 편한 사람들에게 배역을 부탁하는 경우는 위험할 수 있습니다. 주인공에서부터 조역, 단역까지 모든 배역들을 최고의 배우들로 채우기는 어렵지만, 캐스팅 과정의 수고를 줄이고 손쉽게 일처리를 하기 위해 검증되지 않은 배우들을 적당히 캐스팅하는 것은 나중에 현장에서 많은 어려움에 직면하게 되는 결과를 초래하기도 합니다.

신인이나 비전문배우의 경우에는 오디션(audition)을 통해서 캐스팅을 하기도 합니다. 오디션을 하겠다고 결정했으면 그 과정을 통해서 선발할 배역들을 미리 정해놓아야 합니다. 그리고 오디션 일정을 계획하고 공지합니다. 오디션 공지에는 출연할 영화에 대한 간략한 소개와 선발할 배역들, 일정, 참가 신청서를 보낼 곳과 제출서류 목록, 담당자의 연락처 등을 안내합니다. 오디션 일정에는 신청서 접수마감일, 날짜와 시간, 장소, 최종 결과발표 일정 등이 포함될 수 있는데, 오디션 장소나 최종 결과발표 등은 해당자에게만 개별적으로 안내하는 것이 좋습니다.

영화의 소개는 간략히 한두 줄 정도로 하고, 오디션을 통해 선발하고자 하는 배역에는 '남자, 20대 초반의 대학생역'과 같이 원하는 배우의 조건을 명시해 둡니다. 간혹 전혀 엉뚱한 나이대의 배우들이 지원을 하는 경우도 있기 때문에 캐스팅에 있어서 중요한 부분은 미리 공지를 해두는 것이 좋습니다. 또, 오디션 공지에는 참여하고 싶은 사람들이 어떤 서류를 어떻게 제출해야 하는지 명시해야 합니다. 일반적으로는 배우의 전신과 얼굴이 드러난 사진과 프로필, 자기소개서, 희망 배역, 연락처 등을 조감독의 이메일로 제출하도록 하고 조감독의 연락처와 이메일 주소를 적어두도록 합니다.

오디션의 공지는 어떤 신청자들을 오디션에 참여시킬지에 따라 어느 곳에 어떻게 공지를 하고 홍보할지가 달라집니다. 연기 전공 학생들이나 연기학원 수강생들 중에서 캐스팅하려

단편영화에 참여할 연기자를 찾습니다.

00대학교 영화학과 워크샵 작품으로 제작되는 단편영화 <*****>에 참여할 연기자를 찾습니다.
단편영화 <*****>는 ~ 소재의 영화로 남자 주인공 ○○역할과 여자 주인공 △△ 역할의 배우를 오디션을 통해 공개 모집하고자 하오니 많은 관심 부탁드립니다.

1. 배역
- ○○: 남자, 20대 초반의 대학생
- △△: 여자, 20대 초반의 대학생

2. 오디션 일정
- 신청서 접수: 0000년 0월 0일 0시까지.
- 오디션 일시: 0000년 0월 0일 0시
- 오디션 장소: **학교 영화과 연기실습실 000호(주소)

3. 오디션 신청
- 신청서 접수: 0000년 0월 0일 0시까지.
- 신청서 제출: 이메일주소.
- 제출서류: 전신과 얼굴이 드러난 사진과 프로필, 자기소개서, 희망 배역, 연락처
- 담당자 연락처: 조감독 홍길동(010-0000-0000)

[도판15] 오디션 공지의 예

고 한다면 해당 학교나 학원에 공지 포스터나 협조공문을 보내는 방법이 있고, 아마추어 연기자들의 커뮤니티나 영화제작 커뮤니티 등을 통해 오디션 홍보를 할 수도 있습니다.

오디션에 참가 신청한 사람들의 서류가 도착하면 조감독은

서류를 검토하여 1차적으로 원래 의도한 캐스팅 방향에 맞는 사람들을 골라냅니다. 가끔 지원자 중에는 정말 참여를 원하기보다는 경험 삼아 지원하는 경우도 있기 때문에 어느 정도 캐스팅 방향에 적합한 사람들을 추려낸 후에 감독과 함께 검토를 하는 것이 좋습니다. 이렇게 골라낸 후보들의 목록을 보면서 감독과 프로듀서, 조감독, 연출팀 등이 참여하여 회의를 하여 최종 오디션에 참여할 배우들을 확정합니다. 그리고 결과를 해당 배우들에게 공지하면서 오디션 일정과 준비물 등을 상세하게 안내합니다. 오디션 후보로 선정되지 못한 신청자들에게도 간단히 답 메일로 결과를 알려주는 것이 좋습니다.

오디션에는 어떤 스태프들이 참여할지 생각해 두어야 합니다. 주인공의 캐스팅이라면 당연히 감독이 참여해야 하겠지만, 비중이 적은 단역급을 선발하는 오디션이라면 조감독 선에서 진행할 수도 있습니다. 또한, 캐스팅과 상관없는 로케이션 담당 연출부의 경우 굳이 오디션 현장에 참석하는 것보다는 맡은 업무를 진행하는 것이 더 효율적일 것입니다.

오디션 장소는 배우들이 간단한 연기를 보여줄 수 있는 연기 연습실이나 작은 무대가 있는 곳이 적당하고, 너무 분위기가 딱딱하지 않도록 하는 것이 좋습니다. 또한, 오디션의 내용을 단순히 면접이라고 생각하고 아무것이나 질문하기보다는 배우들에게 어떤 질문을 하고, 필요하다면 어떤 것을 보여 달라고 할지 미리 계획해두어야 합니다. 필요에 따라 간단한 독백 대본을 준비하거나 미리 오디션에 참석할 배우들에게 짧은 독백 대본을 준비해 오라고 요구할 수도 있습니다. 단편영화를 제작하는 학생들의 경우 감독과 배우의 관계가 명령을 하거나 권위적이 되는 것은 바람직하지 않기에 오디션 과정도 배우들을 심사하는 심사위원과 같은 태도는 지양해야 합니다. 무리한 요구를 하지 말고 존중하면서 영화에 적합한 배우들을 만나는 계기가 될 수 있도록 오디션을 활용하는 것이 좋습니다.

오디션 과정에서 영화의 제작 일정과 배우의 스케줄이 적합한지 다시 한 번 확인하는 것도 중요합니다. 여러 명의 배우들이 제각기 일정이 다르다면 촬영 일정을 조율하기가 매우 어려워지기 때문에 배역을 정하는 데에 배우들의 스케줄 또한 중요한 요소가 됩니다.

3. 배역의 확정

오디션이 끝나면 감독과 스태프들은 다시 회의를 통해 적합한 배우들을 골라냅니다. 만약 배역을 확정하기 전에 한두 번 더 만나보고 싶은 배우가 있다면 그에 따른 미팅 일정을 다시 잡습니다. 이렇게 해서 최종적으로 배역이 확정되면 해당 배우들에게 캐스팅결과를 알려줍니다. 오디션 현장에서 마음에

드는 배우가 있더라도 그 자리에서 바로 성급하게 캐스팅을 확정하는 것은 좋지 않습니다. 오디션이 끝난 후 스태프들과 충분히 의견을 교환하고 배우의 일정 등 여러 가지 조건을 검토한 후에 하루쯤 지나서 캐스팅 결과를 배우에게 알려주는 것이 바람직합니다.

바쁜 일정에 쫓기다 보면 배역이 확정된 배우들에게만 연락을 하고 오디션에서 탈락한 배우들에게는 결과도 알려주지 않는 경우가 있는데, 나중에 어떤 식으로든 함께 작업하게 될 수도 있기에 이런 부분들을 소홀히 하지 말고 정중히 연락을 해서 결과를 알려주는 것이 좋습니다. 이때 배우들이 감정적으로 기분 나쁘지 않고 무례하게 느끼지 않도록 결과를 고지하여야 합니다.

V. 로케이션 헌팅

1. 장소 리스트의 작성 및 로케이션 계획의 수립

영화 촬영 장소는 크게 스튜디오(studio) 촬영과 오픈세트 (open set) 촬영, 로케이션(location) 촬영으로 구분할 수 있습니다. 스튜디오 촬영의 경우는 영화의 주 공간을 스튜디오에 세트로 만들어 촬영하는 것을 말합니다. 세트 제작은 예산이 많이 소요되지만 실제 공간에서 찾기 힘든 공간을 원하는 대로 제작할 수 있고, 낮과 밤 등 촬영 시간에 구애받지 않고 촬영을 할 수가 있으며, 여러 가지 촬영의 편의를 얻을 수 있습니다. 또한 외부에서 촬영할 경우에 촬영 현장 주변의 소음이나 행인들의 통제 등으로 촬영이 지연되어 발생하는 제작비 증가를 예방할 수도 있습니다. 그러므로 영화제작 일정 전체로 보면 오히려 비용을 절약할 수도 있기 때문에 잘 판단해서 세트 촬영의 여부를 정하는 것이 좋습니다. 실외 공간이 포함된 세트는 스튜디오 안에 짓기 어렵기 때문에 야외에 오픈세트로 제작하게 됩니다.

로케이션 촬영은 야외 촬영이나 기존에 있는 건물이나 상점 등을 빌려서 촬영하는 경우를 말하는데, 주로 기존에 있는 시설을 대여하거나 촬영 협조를 얻어야 하기 때문에 미리 계획을 세워서 적절한 장소를 찾아야 합니다. 이 과정을 로케이션 헌팅(location hunting)이라고 합니다.

로케이션 헌팅을 위해서는 시나리오의 장면들을 정리한 장면 구분표를 바탕으로 장소 목록표를 만들고 로케이션 헌팅 계획을 수립합니다.

2. 로케이션 후보지 사전조사 및 답사 예정목록의 작성

장소 목록표에서 스튜디오, 오픈세트, 로케이션 등으로 구분한 후에 필요한 장소들 각각의 후보지를 조사합니다. 로케이션 후보지 사전조사는 요즘은 인터넷 등을 통한 조사와 구글(google)이나 포털 사이트 등에서 제공하는 로드뷰, 기존에 비슷한 분위기의 영화를 촬영했던 장소들을 조사합니다. 요즘에는 지역 영화위원회 등에서 로케이션 헌팅 지원을 해주는 곳이 늘어나서 이를 잘 활용하면 많은 도움을 얻을 수도 있습니다.

사전조사 결과를 바탕으로 감독과 스태프들이 회의를 통해 영화의 촬영 장소로 가능성 있는 곳들을 골라 직접 현장답사를 가볼 장소목록을 만듭니다. 답사 예정 장소 목록이 만들어지면 어떤 스태프들이 현장답사에 참여할지를 정하고 답사에 필요한 스태프들의 일정을 고려하여 현장답사 일정을 잡아 공지하도록 합니다.

3. 로케이션 현장답사와 검토

촬영장소를 현장답사할 때에는 각 파트마다 그 장소가 촬영에 적합한지를 파악하여 현장답사 후에 회의를 통하여 각 파트의 의견을 종합적으로 검토해야 합니다.

연출파트에서는 장소가 시나리오의 설정과 등장인물들의 공간으로 적합한 분위기인지 꼼꼼하게 살펴보아야 하며, 해당 씬의 사건이 일어나기에 적합한지, 공간 안에서 배우들의 움직임 등을 고려하여 검토하도록 합니다.

제작파트에서는 답사한 장소 주변에 스태프들이 식사를 하거나 숙박을 할 수 있는 장소가 있는지, 많은 스태프들이 촬영을 할 수 있도록 충분한 여유 공간을 확보할 수 있는지, 장비 차량 등을 주차하거나 촬영 장비를 옮기기에 적합한 엘리베이터 등이 확보되어 있는지 등을 고려합니다. 또한 전기나 식수 등을 확보할 수 있는지, 주변에 편의점이나 촬영 중 필요한 물품들을 구할 수 있는 마트 같은 시설이 있는지, 교통편은 어떤지 등을 살펴봅니다. 그리고 주변에 촬영에 방해가 되는 군부대 시설이나 공항, 공사장 등이 있는지도 매우 중요하게 체크해야 할 부분 중의 하나입니다.

촬영파트에서는 스토리보드의 장면을 촬영하기에 적합하도록 카메라를 설치하고 원하는 앵글을 확보할 수 있는지, 카메라의 이동을 고려하여 동선 블로킹이 적합한지 등을 검토하고, 조명파트에서는 그 장소에 설치되어 있는 광원들의 종류와 태양광이 어느 방향에서 어떻게 들어오는지, 주변에 조명기를 설치하고 작업할 적당한 공간이 있는지, 전기시설은 어떻게 이용할 수 있는지 등을 체크합니다.

미술파트는 그 장소가 영화의 시각적 스타일에 적합한지, 필요하다면 어느 부분을 어떻게 미술 작업을 해야 원하는 화면을 얻을 수 있는지 검토하면서, 필요한 대도구와 소도구 등을 체크합니다.

현장답사를 다녀온 후에는 각 파트의 의견을 종합적으로 반영하여 로케이션 장소를 확정하게 되는데, 이때 한 번 더 확정로케이션 답사를 가서 이번에는 정밀하게 각 파트마다 촬영을 위해 준비해야 할 사항 등을 체크합니다.

VI. 콘티뉴이티

1. 콘티뉴이티와 스토리보드

영화의 촬영은 매우 많은 비용이 드는 작업이기에 미리 어떤 장면이 필요하고, 그 장면들을 어떻게 촬영할지 면밀히 계획을 세우는 것이 필요합니다.

스토리보드(story board)는 영화의 완성된 형태를 미리 예측해 볼 수 있도록 각 쇼트들을 그림과 함께 시각적으로 정리해 놓은 문서로 영화뿐 아니라 드라마, 광고, 뮤직비디오 등 영상 분야에 폭넓게 사용되고 있으며 만화나 디자인 등 시각 매체에서도 많이 사용되고 있습니다. 영화제작 현장에서 스토리보드는 각 파트의 스태프들이 작업과정을 예측하여 저마다 필요한 준비를 할 수 있도록 하는 설계도의 역할을 합니다.

스토리보드와 함께 콘티뉴이티(continuity) 또는 줄여서 콘티라는 용어도 함께 사용되는데 원래는 촬영에 필요한 사항들

S# 10 LOCATION. 진도 내 까페 (안, 낮) NO.

깔끔한 까페.
사람이 드문드문 있다.
창가에서 홍신소 직원이 전화를 하고 있다.
마른 체형.

홍신소
(수첩에 연신 메모를 하며)
왜 울고 지랄이야. 진짜.
울지마! 뚝뚝.
말 안들어? 까불고 있어. 진짜.
자꾸 바쁜데 전화하게 만들지마.

전화 중, 홍신소의 몸 위로 검은 그림자가 드리운다
홍신소, 힐끗 위를 올려다본다.

홍신소

여보세요? 여보세요?
확! 다 죽여뻘려, 이씨.
(전화가 끊어진 것을 확인한다.)
여보세요?

전화를 끊자마자 홍신소, 벌떡 일어난다.

홍신소
아! 오셨어요? 앉으세요.

전혁, 홍신소 앞에 앉는다.

[도판16] 콘티작가 김연화 씨가 작업한 장편영화 〈물고기〉(박홍민 감독)의 콘티

을 꼼꼼히 기록해 놓은 촬영대본을 일컫는 용어였지만 현재는 스토리보드와 같은 개념으로 사용되고 있으며, 영화 현장에서는 스토리보드보다 콘티라는 용어가 더 자주 쓰이고 있습니다.

2. 콘티뉴이티의 구성 요소

콘티뉴이티에는 씬 번호와 컷 번호, 그림이나 사진으로 시각화한 컷의 이미지, 컷에 대한 설명, 등장인물의 행동과 움직임, 대사, 사운드, 카메라의 움직임과 편집에서의 화면 전환 기법 등이 기록됩니다. 콘티의 그림은 그림 자체의 완성도보다는 필요한 정보를 잘 알아볼 수 있도록 그리는 것이 중요합니다. 카메라와 인물의 위치, 배경, 카메라의 앵글과 프레임의 크기, 렌즈의 화각, 프레임 안에서의 인물의 동선, 카메라의 움직임, 컷의 시작과 끝이 어떻게 되는지 그림과 함께 다양한 기호 등을 사용해 나타냅니다.

콘티뉴이티를 작성할 때 가장 먼저 고려해야 할 것은 하나의 씬을 몇 개의 쇼트로 나누어 촬영할 것인지에 대한 것입니다. 하나의 씬을 단 하나의 쇼트로 촬영할 수도 있고 필요에 따라 서로 다른 여러 각도에서 촬영한 장면을 연결해서 씬을 만들 수도 있습니다. 여기서 중요한 것은 왜 컷을 나누어 촬영하는지 분명한 이유를 가지고 컷을 분할해야 한다는 것입니

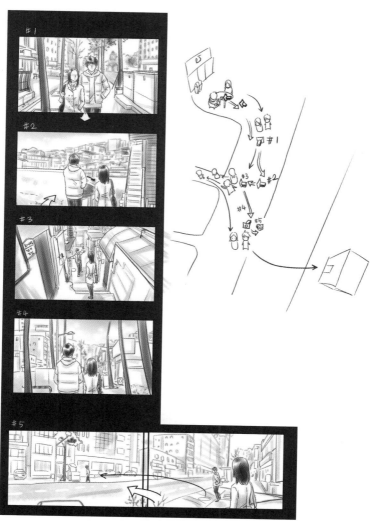

[도판17] 영화 〈혼자〉의 콘티뉴이티

다. 컷마다 보여주고자 하는 대상이 달라서 컷의 사이즈가 다르다든가, 원하는 것을 더 잘 보여주기 위해서 앵글이 다르다든가 하는 등의 컷을 분할하는 분명한 목적이 있어야 나중에 편집할 때 분할한 컷들을 어떻게 연결할지의 방향이 정해집니다. 그렇지 않고 아무렇게나 쇼트를 나누어 찍어놓으면 편집 단계에서 많은 고민에 봉착하게 됩니다.

콘티뉴이티는 촬영 쇼트를 기준으로 작성된다고 하기보다는 편집을 거쳐 완성된 영화의 형태를 미리 예측하기 위한 것이기 때문에 장면의 최소 단위는 촬영 쇼트가 아니라 편집된 컷의 개념으로 작성됩니다. 쇼트와 컷은 비슷한 개념으로 사용되기는 하지만 쇼트가 촬영 단계에서 한 번에 촬영된 푸티지(footage, 촬영된 쇼트의 필름)를 지시하는 용어라면, 컷은 편집 단계에서 나누어진 하나의 쇼트 조각을 일컫는 용어입니다. 때문에 하나의 쇼트는 자주 여러 개의 컷으로 나누어지며 촬영된 쇼트의 순서에 상관없이 씬 안의 여러 곳에서 사용될 수 있습니다. 반대로 이야기하자면 콘티의 순서와 상관없이 씬 안의 여러 컷을 하나의 쇼트로 촬영할 수도 있다는 의미이기도 합니다.

쇼트는 크기에 따라서 몇 가지로 구분되는데, 카메라와 피사체의 거리에 따라 쇼트의 명칭을 구분하거나 화면 안에서 인물의 크기에 따라 명칭을 구분해 사용하기도 합니다.

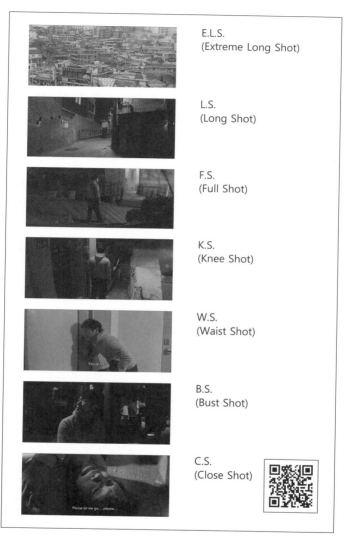

E.L.S.
(Extreme Long Shot)

L.S.
(Long Shot)

F.S.
(Full Shot)

K.S.
(Knee Shot)

W.S.
(Waist Shot)

B.S.
(Bust Shot)

C.S.
(Close Shot)

[도판18] 크기에 따른 쇼트의 종류

☞ 크기에 따른 쇼트의 종류

- ELS(Extreme Long Shot, 익스트림 롱 쇼트) : 아주 먼 배경 쇼트.

- LS(Long Shot, 롱 쇼트) : 인물과 배경이 충분히 보이며 어떤 상황에서 얼마나 많은 인물들이 있는지 알 수 있는 정도의 쇼트.

- FS(Full Shot, 풀 쇼트) : 인물의 전체가 보이면서 인물의 행동을 구체적으로 알 수 있는 정도의 쇼트.

- KS(Knee Shot, 니 쇼트) : 인물의 무릎 아래 정도까지 촬영한 것으로 인물의 행동과 함께 표정을 어느 정도 알 수 있을 정도의 쇼트.

- WS(Waist Shot, 웨이스트 쇼트) : 인물의 허리 아래까지를 촬영한 것으로 인물의 행동과 표정을 잘 알아볼 수 있는 쇼트.

- MS(Medium Shot, 미디엄 쇼트) : LS과 CS의 중간 정도의 크기로 인물의 행동과 표정을 알아보기에 적합한 쇼트로 주로 KS과 WS정도를 일컫는다.

- BS(Bust Shot, 버스트 쇼트) : 인물의 가슴 아래까지를 촬영한 것으로 주로 인물에 집중할 수 있고, 대화나 인물의 감정을 전달하기에 적합한 쇼트.

- CS(Close Shot, 클로즈 쇼트) : 인물의 얼굴을 가까이에서 확대한 샷으로 인물의 감정을 특별히 강조하기 위해 사용하는 쇼트.

쇼트는 또 카메라가 피사체를 촬영하는 각도에 따라 아이 레벨 쇼트(eye level shot), 로우 앵글 쇼트(low angle shot), 하이 앵글 쇼트(high angle shot), 버즈 아이 뷰 쇼트(bird's-eye view shot), 더치 앵글 쇼트/오블리크 쇼트(dutch angle shot, oblique shot) 등으로 구분할 수 있습니다.

☞ 앵글에 따른 쇼트의 종류

• 아이 레벨 쇼트(eye level shot) : 카메라가 인물의 눈높이에서 촬영하는 쇼트.

• 로우 앵글 쇼트(low angle shot) : 카메라가 인물보다 낮은 위치에서 인물을 올려다보면서 촬영하는 쇼트.

• 하이 앵글 쇼트(high angle shot) : 카메라가 인물보다 높은 위치에서 인물을 내려다보면서 촬영하는 쇼트.

• 버즈 아이 뷰 쇼트(bird's-eye view shot) : 극단적인 하이 앵글 쇼트로 하늘에서 내려다보는 것처럼 촬영하는 쇼트.

• 더치 앵글 쇼트/오블리크 쇼트(dutch angle shot, oblique shot) : 의도적으로 수평을 기울여 동적 느낌을 강조한 쇼트. 주로 로우 앵글과 함께 사용한다.

VII. 씬 브레이크다운과 촬영준비

1. 씬 브레이크다운(scene breakdown)

스태프 구성이 끝나고 콘티뉴이티가 완성되면 영화제작에 참여하는 모든 파트들이 한데 모여 어떤 작업과정을 거쳐 각각의 장면을 완성할지에 대해 의견을 교환하고, 각 장면을 촬영하기 위하여 준비할 모든 사항들을 체크하는 작업을 합니다. 이것을 씬 브레이크다운이라고 부릅니다.

씬 브레이크다운에는 모든 파트의 헤드급 스태프들이 모두 참여하며, 조감독은 씬 브레이크다운을 진행하면서 전체 씬들의 콘티뉴이티를 설명하고, 이에 대한 각 파트들의 의견을 수렴하며 하나하나의 장면을 어떻게 완성해야 할지 계획을 세우고, 이를 위한 준비사항들을 체크합니다.

[도판19] 영화 〈혼자〉의 씬브레이크다운 문서 예시(79쪽)

제작 : 차혜진
감독 : 박용만
조감독 : 김태양

영화 <혼자> 씬 Breakdown

S#	극중장소	촬영장소	촬영내용	수민	지연	조단역	보조출연	미술	소품	특수분장	의상	비고
0	수민 작업실	신당동 366-104 5층	스티키 롤러로 방을 청소하는 수민의 시점	O	X	X	X	책, 포스트잇 여러 크기의, 커피와 커피잔, 사진 커피잔들, 담배, 머리 핀들, 카메라 바닥에 떨어진 물건들 쿨에, 모조지에 맞자국	스티키 롤러, 머리카락, 먼지, 휴지통, 재물, 걸레, 쓰레기, 쿨타다	X	수민	타일 벽지 교체 가구, 기존 소품 재배치, 카메라 마운트 펠멧, 운전대, 토치, 카메라성두, 새우깡
1-1	옥상	신당동 366-104 옥상	동네 풍경에서 인물들 줌새 을 쿨에 지연의 죽음 그리고 수민의 반응	O	O	복면수스 복면와이네 복면와이네	X	틱자, 의자	카메라, 노트, 재갈, 소총망치, 담배, 파 라슨 화분, 파 봉지	X	수민, 지연, 면남들 이상	복 피 봉지를 화분에 숨겨두어 다가 재빨리 뿌려야 함
1-2	복도, 수민 작업실	신당동 366-104 5층	옥상에서 내려온 수민이 어 쩔 줄 모르다가 복면남들에 게 죽임을 당한다.	O	X	복면수스 복면와이네 복면와이네	X	책, 포스트잇 여러 크기의 종이, 커피와 커피잔, 사진 들, 카메라와 렌즈들, 방 안 해결들 수 있는 물건들	핸드폰, 카메라, 피 문은 소총망치, 피 용으 방지	X	수민, 이상	복도에 걸린 역자제가 촬영 중 스탭 동선체크, 수기금체 리 설치, 복도장에 활음 필 틱 하만서 "디" 틱 설치
2-1	정차, 골목길 작업실 앞 도로	중구 동호로 11바길 32	앞쪽은 제 정차에서 깨어나 골목을 내려와서 작업실 앞 도로를 건너는 수민. 복면 망자들이 뒤쫓는다.	O	O	아이, 복면망치집	X	거울리는 전단지나 쿨음들 제거	식칼, 망치	아이 얼굴	수민 얼굴, 지연, 아이 이상; 남 이상	매우 방면대적 급히 가름 수 있는 기둥 배우 공사여부 확인, 바다 미고림방지, 촬영현장 통제
2-2	복도, 수민 작업실	신당동 366-104 5층	작업실 문이 열리지 않자, 창문을 통해 들어가 묵이 잘 린 대마를 발견하는 수민. 복면망치집으로 몸을 조린다.	O	X	복면망치집	X	책, 포스트잇 여러 크기의 종이, 커피와 커피잔, 사진 들, 카메라와 렌즈들, 창문	대마(수민3 피	이상, 수민 머리위로 흐르는 피	복면남 수민앞음, 이상	매우 방면대적 급히 가름 수 있는 기둥 배우 공사여부 확인, 수민 머리에 피 흐르게 하는 방법, 촬영중 스탭 동선체크
3-1	정차, 골목길	중구 동호로 11바길 32	피가 충건한 채, 정차에서 깨어나, 아이와 아버지를 만 나고 아버지와 싸우는 수민.	O	X	아이, 아버지	X	거울리는 전단지나 쿨음들 제거	소품망입이, 소품쿨) 기타 특수소품	피범벅, 아이 아버지, 쿨음 명 아버지 쿨린부위	수민, 이상 아버지 이상	아예방부 칼 주의요망. 바 닥 미고림 방지
3-2	주택 (방, 부엌)	미정인	집에서 갠 아이와 이야나우 의 대화 (회상)	X	X	아이, 이야나	X	가스레인지, 냄비, 찌개 등 주방장식, 주방 벽시계	이불, 도마, 식물, 요 리재료과(당근류)	X	아이나니, 아이 이상	
3-3	골목길	중구 동호로 11바길 32	수민에게 해쳐지는 지연 머리에 피가 흐르 그네를 끌어버리고 찾아 헤매다 아이 나와 만나고 도망치는 수민.	O	O	아이, 아버지, 이야나	X	거울리는 전단지나 쿨음들 제거	X	지연쿨음,지연얼굴 흐르는피, 아버지칼 만음, 린부위피,시피른(이야나니) 얼굴,아이얼굴명	수민, 지연, 아버지 이상,아이 이상 이야나, 지연1	한 몸체 피 이상에 피 한 몸게 아버지 바닥 미고림 방지, 지연 머리에 피 흐르게 하는 방법 이야나니, 지연1
3-4	작업실 앞 도로	신당동 366-104	수민이 쿨목에서 나와서 도로를 건너 택시에 탄다.	O	X	X	X	X	X	X	수민2	쿨택시 섭외, 크레인 샷
3-5	택시 안	여수 일대	택시 안에서 수민과 택시기 사가 대화를 나눈다.	O	X	X	택시기사	X	X	X	수민, 이상 (복면)	택시기사 택카 촬영용점, 촬영용 택 시 섭외

2. 분야별로 체크하고 준비해야 할 사항들

(1) 제작파트

☑ 예산과 관련하여 촬영을 위해 특별한 장비나 인원이 필요한 장면이 있는가.

☑ 상주하는 스태프들 외에 스턴트맨을 필요로 하는 액션 장면이나 특수효과를 필요로 하는 폭발 장면 등이 있는가.

☑ 도로 추격 장면 등 특별히 현장 통제가 필요하거나 사전에 허가를 얻어야 촬영이 가능한 장면이 있는가.

☑ 촬영 장소 주변에 촬영에 방해가 될 요소가 있는가.(공사장이나 군부대, 공항 등)

☑ 반대로 촬영으로 인해 주변에 피해를 줄 만한 부분이 있는가.(병원 신생아실 촬영이나 농작물이 심어져 있는 밭에서 촬영하는 경우 등)

☑ 특별한 안전조치가 필요하거나 만일의 사태에 대비해 구급대를 준비해야 하는 장면이 있는가.

☑ 로케이션 장소의 여건으로 인해 특정한 날이나 시간대에 촬영해야 하는 부분이 있는가.(축제 행사장이나 야구경기장 등)

☑ 촬영현장에 촬영 장비를 운반할 수 있는 시설이 확보되어 있는가.

☑ 대여한 촬영 장소의 마룻바닥 등 촬영을 하면서 훼손되거나 원상복구가 어려운 부분에 대한 대책이 마련되어 있는가.

(2) 연출파트

☑ 의상이나 소품 등에 특별히 체크해야 할 사항이 있는가.

☑ 촬영할 때 현장에 영상이나 음악, 사진 등 사전제작이 필요한 소품이나 준비물이 있는가.

☑ 세트나 의상, 분장 등을 훼손해야만 하는 장면처럼 한 번 촬영하고 나면 돌이킬 수 없어 촬영 순서에 영향을 주는 부분이 있는가.

☑ 특수분장 등과 같이 촬영 중에 특별히 소요 시간이 필요한 부분이 있는가.

☑ 동물이 출연하는 장면 등과 같이 촬영 현장에서 변수가 큰 부분이 있는가.

(3) 촬영파트

☑ 영화의 가로세로 프레임 비율과 녹화포맷에 대하여 다른 후반작업 파트 등과 합의가 되어 있는가.

☑ 어떤 카메라와 렌즈를 사용할지, 몇 대의 카메라를 사용할지에 따라 충분한 촬영 스태프가 확보되어 있는가.

☑ 여러 종류의 카메라를 사용한다면 각 카메라의 녹화포맷

과 화면 비율, 해상도 등의 호환에 문제는 없는가.

☑ 카메라의 움직임을 위해 특별한 장비가 필요한 장면이 있는가.(스테디캠, 짐벌, 슈팅카, 레카 등)

☑ 특수촬영팀이 필요한 장면이 있는가.(항공촬영, 드론촬영, 수중촬영, 와이어캠 등)

☑ 특수한 렌즈나 필터가 필요한 장면이 있는가.(근접촬영을 위한 접사렌즈나 시프트렌즈, 미니어처 촬영을 위한 이노비전 렌즈 등)

☑ 특별히 초고속카메라가 필요한 고속촬영 장면이 있는가.

☑ 폭발장면 등과 같이 동시에 여러 대의 카메라가 필요한 장면이 있는가.

☑ 카메라의 설치를 위하여 별도의 안전장치나 도구가 필요한 부분이 있는가.

(4) 조명파트

☑ 매직아워(magic hour) 촬영과 같이 촬영 장소의 빛 조건을 고려하여 특별히 정해진 촬영 시간에 촬영해야 하는 장면이 있는가.

☑ 촬영 장소에 조명기를 설치할 수 있는 공간이 있는가.

☑ 조명작업을 위한 공간과 장비를 보관할 공간이 있는가.

☑ 조명장비를 이동하기 위한 엘리베이터가 확보되어 있는가.

☑ 촬영 장소에 설치되어 있는 기존 조명이나 광원을 사용할 수 있는가. 사용할 수 없다면 어떻게 처리할 것인가.

☑ 사전에 미리 제작해두어야 하는 조명기가 필요한 장면이 있는가.

☑ 미술 소품이나 세트 중에 조명과 관련된 부분이 있는가.

☑ 시나리오의 내용 중에 특별한 조명 효과를 필요로 하는 부분이 있는가.(영화의 내러티브와 관계가 있는 부분)

☑ 조명작업을 위해 특별히 시간이 많이 소요되는 장면이 있는가.

(5) 미술파트

☑ 별도로 제작해야 하는 소품이 등장하는 장면이 있는가.

☑ 장면에 필요한 소품 및 대도구 등은 모두 확보되어 있으며 대여 스케줄에 문제는 없는가.

☑ 특별히 고가이거나 취급에 주의를 요하는 소품이 있는가.

☑ 세트나 로케이션에서 특별히 훼손되지 않도록 주의를 기울여야 하는 부분이 있는가.

☑ 분장이나 헤어 등에 많은 시간을 요하는 장면이 있는가.

☑ 사극 등에서 대규모의 군중 씬처럼 동시에 많은 의상과 분장이 필요한 장면이 있는가. 있다면 분장팀, 헤어팀, 의상팀 스태프의 증원이 필요한가.

☑ 촬영 현장에 상주하는 분장팀 외에 특수분장팀이 필요한 장면이 있는가.

☑ 미술작업의 고증이 필요한 부분이 있는가. 있다면 이를 위한 조언을 해줄 전문가가 섭외되어 있는가.

(6) 음향파트

☑ 특별히 많은 수의 마이크가 필요한 장면이 있는가.

☑ 촬영 장소의 여건에 따라 특별한 마이크나 장비가 필요한 장면이 있는가.

☑ 배우의 동선이 특히 길어서 마이크 케이블 처리가 곤란한 장면이 있는가. 있다면 이를 위한 무선 장비 등이 준비되어 있는가. (예를 들면 배우가 번지점프를 하는 장면 등)

(7) CG파트

☑ CG작업을 위해 별도로 소스 촬영이 필요한 장면이 있는가.

☑ CG장면을 위해 촬영 시에 앵글이나 조명 등 특별히 고려할 사항이 있는 장면이 있는가.

☑ 3D모델링 캐릭터 등이 합성되는 경우와 같이 촬영 현장의 조명 조건을 특별히 기록해두어야 할 필요가 있는가.

Ⅷ. 리허설과 연기지도

1. 리허설 계획과 진행

　캐스팅이 끝나면 촬영이 시작되기 전까지 감독은 배우와 여러 번에 걸쳐 리허설을 하게 됩니다. 영화에 출연하는 여러 배우들의 스케줄을 촬영 전에 장시간 확보하는 일이 쉽지 않기 때문에 리허설을 원하는 만큼 충분히 할 수 있는 경우가 드뭅니다. 그렇기 때문에 계획을 잘 세워서 짧은 시간에 효과적인 리허설이 될 수 있도록 운영을 할 필요가 있습니다. 또 리허설을 할 때마다 모든 배우들이 한 번에 모이기가 어렵기 때문에 리허설에 참여할 배우의 범위를 정해서 효율적으로 운영하는 것이 좋습니다. 조감독을 비롯하여 연출팀도 모두가 참여할 필요는 없으므로 리허설 담당 연출부를 따로 정해서 그 외의 연출팀은 다른 업무를 보는 것이 합리적입니다. 만약 리허설에 제작팀이나 촬영팀의 지원이 필요한 부분이 있다면 사전에 공지를 하여 필요한 파트가 참여할 수 있도록 해야 합니다.

촬영 전까지 리허설은 많이 할 수 있으면 좋겠지만 최소한 시나리오 리딩, 동선 리허설, 현장 리허설 등은 반드시 필요합니다. 시간과 스케줄이 허락된다면 동선과 움직임 리허설을 여러 번에 걸쳐 반복하면서 연기의 톤이나 연기자들 사이의 호흡을 가다듬을 수 있도록 합니다.

조감독은 배우들 개개인의 스케줄을 고려하여 리허설 계획을 수립하고, 연출부의 배우 담당은 리허설 일정이 나오면 해당 배우들에게 연락을 하여 시간과 장소, 필요한 준비사항들과 대략의 리허설 일정에 대하여 알려줍니다. 리허설 당일에 배우들이 그날 어떤 리허설을 할지 모르고 현장에 온다면 곤란합니다. 적어도 배우가 사전에 리허설 준비를 하고 올 수 있도록 미리 어떤 리허설이 진행될지 충분히 알려주어야 합니다.

리허설 장소는 얼마나 많은 인원이 참여하게 될지와 어떤 리허설을 할지에 따라 제작팀과 협의해 적당한 공간을 미리 섭외해두어야 합니다. 리허설은 하루에 영화의 처음부터 끝까지 모두 하려고 하기보다는 한 번에 몇 시간씩 여러 번에 걸쳐 하는 것이 좋습니다. 배우에게는 한 번 리허설을 하고 다음 리허설 때까지 나름대로 고민하고 분석하면서 준비를 할 시간이 필요하고 감독도 리허설의 결과를 바탕으로 호흡을 정리할 시간이 필요하기 때문에, 무리하게 욕심을 내어 한 번에 많은 양의 리허설을 하기보다는 스케줄이 허락하는 대로 여러 번에 나누어 리허설을 진행하는 것이 좋습니다.

2. 시나리오 리딩

캐스팅이 완료된 후 가장 먼저 하는 리허설은 시나리오 리딩(scenario reading)입니다. 실질적으로 캐스팅된 배우들이 처음으로 한자리에 모여서 인사를 나누는 자리이기도 하고, 본격적으로 영화의 시나리오를 가지고 하는 첫 리허설인 셈입니다. 대본 리딩은 배우들도 서로 처음 만나는 자리이고 공식적인 첫 리허설입니다. 일정을 빡빡하게 잡기보다는 배우들끼리 서로 친해질 수 있도록 조금 여유 있게 시간을 잡고, 대본 리딩이 끝나면 함께 식사를 한다거나 하는 식으로 운영을 하는 것도 좋습니다.

대본 리딩에는 배우들이 한 방향으로 앉기보다는 서로의 얼굴을 볼 수 있도록 둥그렇게 앉아서 진행할 수 있는 넓은 공간이 적당합니다. 보통 감독과 조감독, 배우들이 둥그렇게 앉고 그 뒤에 필요한 파트의 스태프들이 큰 원을 만들어 배석합니다.

대본 리딩은 일반적으로 조감독이 진행을 하는데, 시나리오의 처음부터 끝까지를 순서대로 리딩합니다. 시나리오의 대사뿐 아니라 장면번호, 해설과 기호들까지를 포함해 시나리오를 처음부터 소리 내어 정독합니다. 보통 장면번호와 장소, 해설 및 기호 등은 조감독이나 연출부가 맡아서 리딩을 합니다. 배우들은 각자의 배역 부분을 리딩하고, 부득이하게 불참한 배우 부분은 연출부가 대신해서 진행을 합니다. 연출부나 조감독은 각 씬마다 시나리오 리딩에 걸리는 시간을 체크해서 기록해 두어 각 씬들에 어느 정도의 시간이 소요되는지 알 수 있도록 정리합니다. 이것은 영화 전체 러닝타임(running time)에서 각 씬들이 어느 정도의 길이를 가지고 있는지를 검토해볼 수 있게 하여 전체 영화의 구성이 적절한지 판단하는데 유용합니다.

시나리오 리딩을 하는 동안 감독 및 배우는 떠오르는 의견이나 아이디어를 시나리오에 메모해가면서 리딩을 계속합니다. 이런 식으로 전체 시나리오를 한 번 리딩하고 나면 각 역할을 맡은 배우들의 소감이나 느낌을 들어봅니다. 이 과정에서 배우들은 상대 배우가 어떤 생각을 가지고 있는지를 이해하며 서로간의 호흡을 조절할 수 있고, 감독 또한 배우들의 생각과 의견을 참고하여 앞으로의 리허설 방향을 잡아나갈 수 있습니다. 배우들의 소감을 듣고 나면 감독이 전체적인 느낌에 대해 이야기를 하는데, 이때 너무 세부적인 연기들에 관해 이야기하기 보다는 영화 전체적인 부분에서 각각의 등장인물들의 성격과 역할 등 큰 방향에 대한 이야기를 하는 것이 좋습니다. 배우들에게도 더 자세한 부분들은 앞으로 리허설을 진행하면서 점차 다듬고 만들어갈 시간이 필요하기 때문에, 시나리오 리딩 후에는 감독이 만들어가고 싶은 영화의 전체적인 방향에 대해서 배우들에게 의견을 이야기해주는 정도가 좋습니다.

대본 리딩 장면

3. 동선 리허설과 현장 리허설

시나리오 리딩 후에는 몇 번에 걸쳐 리허설 일정을 잡아서 진행합니다. 리허설은 의자에 앉아서 하는 시나리오 리딩과는 달리 움직이면서 동선을 연습해볼 수 있도록 연기 실습실같이 마룻바닥이 있는 공간에서 하는 것이 적당합니다. 필요하다면 배우들이 앉거나 드러누울 수 있도록 매트나 담요 등을 별도로 준비하도록 합니다. 배우들의 복장도 짧은 치마와 같은 의상은 피하고 움직임이 편한 복장으로 참여할 수 있도록 미리 공지를 해주는 것이 좋습니다. 동선 리허설을 하는 곳이 시나리오상의 실제 공간과는 다르기 때문에 동선을 설정할 수 있는 파티션이나 블록 등을 준비해서 출입문이나 창문, 대도구 등의 설정을 해놓을 필요가 있습니다. 때로는 마스킹 테이프 등으로 바닥에 표시를 해서 공간과 사물을 표시할 수도 있기에 연출부는 미리 동선 리허설에 필요한 간단한 소품이나 물품들을 준비해야 합니다.

처음 동선 리허설을 할 때는 배우들이 대본을 모두 외우고 있지 않아도 됩니다. 때로는 동선 리허설을 하며 배우들의 호흡에 따라 동선이 수정되고 보완되면서 시나리오의 일부나 대사가 수정되기도 합니다. 때문에 동선 리허설을 할 때는 배우들이 편하게 대본을 들고 움직이면서 리허설을 할 수 있도록 합니다.

감독은 동선 리허설을 하는 동안 배우들 간의 호흡과 씬의 리듬과 분위기에 집중합니다. 배우 개개인의 연기에 너무 집중하기보다는 전체적인 밸런스를 유지할 수 있도록 동선과 배우들의 연기를 지도합니다. 만약 특정 배우의 연기 톤에 관해 자세하게 이야기를 하고 싶다면 동선 리허설이 끝나고 따로 자리를 마련해서 이야기하는 것이 리허설 시간을 효율적으로 활용하는 방법이라고 할 수 있습니다. 배우들도 자신의 연기에 대해 많은 사람들 앞에서 지적받으면 감정이 상할 수도 있기 때문에 감독은 연기지도를 할 때 배우들의 감정을 배려하면서 자신이 원하는 연기를 끌어낼 수 있도록 리허설을 운영하도록 합니다.

장편영화의 경우에 동선 리허설은 하루에 영화 전체를 모두 하기보다는 몇 회에 걸쳐 나누어 하는 것이 일반적입니다. 리허설을 너무 무리하게 진행하면 감독이나 배우들도 지쳐서 좋은 리허설이 되기보다는 의례적인 리허설이 될 수도 있기 때문입니다. 대략 하루에 4~5시간 정도의 리허설 분량이 적당한데, 대부분 단편영화의 경우에는 그 정도면 충분히 동선 리허설을 할 수가 있습니다.

동선 리허설은 꼭 시나리오의 순서대로 할 필요는 없습니다. 장면의 중요도나 배우들의 호흡, 감정의 흐름 등을 고려해 리허설 일정을 잡되, 그날 어느 부분을 리허설 할지 꼭 배우들에게 미리 알려주도록 합니다. 이런 식으로 영화의 전 장면을 한 번씩 동선 리허설을 마치고 나면 추가로 리허설이 더 필요한 부분들을 따로 체크합니다. 별도로 연기지도가 필요한 배우라든가 동선 리허설 때 부족했던 부분을 보완하기 위해서 리허설이 더 필요한 부분들을 정리해서 다음 리허설 계획을 세웁니다. 만약에 수정할 부분이 미미하다면 무리하게 리허설 스케줄을 확보하는 것보다는 촬영 현장에서 현장 리허설을 하면서 보완할 수도 있습니다. 리허설은 스케줄과 비용이 허락한다면 많이 할수록 좋겠지만 많은 비용이 드는 영화 제작과정에서 효율적인 운영도 중요하기에 적당한 리허설 계획을 수립하고 진행하는 것이 바람직하다고 할 수 있습니다.

현장 리허설은 스케줄이나 여건이 허락되어 촬영 전에 미리 현장에서 할 수 있다면 좋겠지만 대부분의 일정상 촬영 당일에 하게 되는 경우가 많습니다. 로케이션 같은 경우 비용이 추가로 발생되거나 세트 같은 경우도 촬영 전에 미술 세팅, 조명 작업 등으로 일정이 빡빡하기 때문에 리허설을 위한 스케줄이 허락되기 어렵습니다. 따라서 연출부는 촬영 현장에서 배우들의 동선과 관련되는 부분의 리허설을 하는 동안 미리 배우들에게 알려주어 촬영 현장의 공간에 대해 배우들이 숙지할 수 있도록 해야 합니다.

촬영 현장에서 하는 최종 리허설은 분장과 의상 준비를 모두 마친 상태에서 스태프들의 준비작업과 간섭이 생기지 않는다면 작업시간을 단축하기 위하여 카메라 설치작업이나 조명 설치작업을 하는 동안 동시에 하는 것이 좋습니다. 천장의 조명작업 등과 같이 복잡한 작업을 하고 있는 동안이라면 감독은 배우들과 함께 의자에 앉아서 연기지도나 필요한 이야기를 나눕니다. 최종 리허설에서 중요한 것은 배우들 간의 호흡과 리듬입니다. 이전의 리허설들을 통하여 컷의 길이가 너무 길어져서 호흡이 지루해지지 않도록 해야 합니다.

현장 리허설을 할 때는 촬영할 컷의 순서대로 하는 것이 아니라 씬 전체의 동선 리허설을 먼저 해서 배우들이 전체 동선을 숙지하도록 한 후에 촬영할 컷의 리허설을 해야 합니다. 컷을 나누어 찍는 영화의 특성상 연기자는 연극에서처럼 한 번에 호흡을 이어갈 수가 없기 때문에 감독은 항상 편집상의 전후 컷의 호흡과 리듬과 이어질 수 있도록 연기 톤이 적절한지를 파악하고 지도해주는 것이 중요합니다.

스태프들은 각 파트의 촬영 준비를 진행하며 리허설에 방해가 되지 않도록 주의하며 집중을 해주어야 합니다. 리허설을 보면서 카메라와 조명, 마이크의 움직임 등을 미리 예측하여 조감독이 리허설이 끝나고 각 파트마다 일일이 다시 동선을 알려주지 않아도 빠르게 작업이 진행되도록 하여야 합니다. 간혹 각 파트들이 리허설 동안 자기 업무를 하느라 리허설을 보지 못하고 계속 같은 내용을 조감독에게 물어보는 경우가 있는데 여러 파트가 함께 공동작업을 할 때 효율적인 작업이 될 수 있도록 서로 협조하는 것은 매우 중요합니다.

IX. 촬영

1. 촬영 스케줄의 작성

조감독은 하루에 촬영할 수 있는 분량과 이동 시간을 고려하여 촬영 스케줄을 작성합니다. 촬영 스케줄은 프로듀서와 촬영감독, 미술감독 등 각 파트의 의견을 수렴하여 신중하게 작성하되, 아래와 같은 사항을 고려해서 작성하도록 합니다.

☑ 각 배우들의 스케줄이 어떠한가? 출연 분량이 적은 배우들의 경우 하루에 몰아서 촬영이 가능한가?

☑ 고가의 장비가 필요한 장면들을 같은 날 한꺼번에 촬영할 수 있는가?

☑ 기본적으로 한 장소를 같은 날 몰아 촬영하되, 이동이 필요할 경우 어떻게 스케줄을 짜야 이동 시간을 최소화할 수 있는가?

농부영화사 제작   감독 박홀민

<혼자>(Alone) 촬영일정표

일	월	화	수	목	금	토
25 1장(낮) 옥상->복도->작업실 (수민,지연,복면남3)	**1/19**	**20**	**21**	**22**	**23**	**24**
2/1	**26**	**27** 2장(밤) 정자->골목길->작업실 (수민,지연,아이)	**28** 3장(밤) 정자->골목길 (수민,아이,아버지)	**29**	**30**	**31**
8	**2** 3장(밤) 골목길->거리 (수민,지연,어머니, 아이,아버지, 골목사람3)	**3** 4장(밤) 정자->골목길// 상 (수민)	**4** 3장(밤) 택시안 (수민,기사)	**5**	**6**	**7**
15	**9** 아린수민집 3장(회상) 아이,어머 니 4장(회상) 어머니	**10**	**11** 5장(낮) 편의점->거리->작 업실 (수민,지연)	**12**	**13**	**14** 프롤로그&6장(새벽) 작업실 (수민,지연)

[도판20] 영화 <혼자>의 촬영일정표 예시

☑ 특수효과라든가 특별한 전문 스태프들이 필요한 장면을
같은 날에 촬영할 수 있는가?

☑ 시나리오에서 극적으로 특히 중요한 감정 씬이나 배우의
노출 씬 등이 포함되어 있는가? 있다면 전체 일정 중에서
언제쯤 촬영하는 것이 좋은가?

☑ 촬영 장소의 대여 일정과 허가 여부는 어떠한가?

☑ 촬영에 적합한 자연광이 들어오는 시간은 언제인가?

☑ 조명작업이나 특수분장 등 촬영 준비에 소요되는 시간은
어느 정도인가?

2. 일일촬영계획표와 파트별 촬영준비

전체 스케줄이 작성되면 촬영 회차마다 하루의 일정을 시
뮬레이션(simulation, 가상으로 미리 그려봄)하면서 일일 촬영
계획표를 작성합니다. 일일 촬영계획표에는 가장 먼저 하루
일정의 시간표(time table, 타임테이블)가 포함됩니다. 배우들
과 각 파트의 스태프들과 장비들이 몇 시쯤에 현장에 도착해
야 하는지 촬영 준비작업에 걸리는 시간을 고려하여 파트마다
적절한 현장 도착시간(call time, 콜타임)을 지정해줍니다. 모
든 파트들의 촬영 준비가 끝나고 몇 시부터 본 촬영을 시작할
지에 따라 파트마다 촬영 준비에 차질이 없도록 합니다.

〈혼자〉 일일 촬영계획표

감독 박용일 PD 진혁진						조감독 김태영

촬영장소: 서울특별시 중구 신당동 366-104 (한국종이접기협회 건물 앞)

총 페이지수		날씨	호칭	최고온도 최저온도	5	
연도		맑음	요일	일출	0	스탭 콜타임 8:00
2015	25	맑음	일	일몰	7:41	배우 콜타임 9:00
					17:47	추가 콜타임 -
					30~70%	

장면	장소	촬영지	낮/밤		장면내용	조연약	수미	지연
1회 번 컷	옥상	신당동 366-104	요일	낮	롱베 현장에서 인물들 몰래 자연의 틈을 그리고 수미의 반응	특전보스, 특전암기	C	O
2회 번 컷	특도, 수미 작업실	신당동 366-104	일	낮	옥상에서 내려온 수미의 특전남들에게 죽임을 당한다.	남 특전암내 특전보스, 특전암기	C	X

Time Table

미술	소품	촬영조명	특수효과
주인공 폭 복장 파라솔, 돗자, 의자 미 봉지 놓여있는 화분 작업실 셋팅 다큐멘터리 관련 책, 포스터틴이 붙어 볼입 사진, 카메라 렌즈 나열, 커피와 커피 잔 블도 셋팅 버려지는 의자 제거	주인공 소품 카메라 복면남 소품 노끈, 소형망치, 면봉 장갑, 소품 핸드폰, 카메라, 미 물은 소품 망치, 미 물은 망치 이를	하인색 떡 설치 복도 창문에 떡단 부 수가글라스 정문 설치 확	

08:00 스탭 콜타임, 셋팅
09:00 배우 콜타임 메이크업 & 리허설
10:00 리허설 & 촬영
13:00 점심식사
13:40 리허설 & 촬영
17:30 촬영 종료, 정리

제작/현장진행	의상	분장/특수분장	연기자	보조출연
우천시 대비 *복면남 복 특수 현장진 수건 1벌 행: 기기	수미 / 후드티, 콜팬바지 (때 X) 지연 / 니트, 청바지 복면남들 - 검정복 복면양들 / 어두운 옷, 복면 x3		수미 - 이주원 지연 - 송우원 복면보스 - 권용환 복면암기 - 지오환 복면암내 - 강주석 복면암이 - 강수아	

교통별 연락처

PD	진혁진
조감독	김태영
촬영	윤지민
촬영감독	강병준
조명감독	임준환
동시녹음	강주석
분장	김수아
현장진행	이도구

[도판21] 영화 〈혼자〉의 일일촬영계획표 예시

그리고 VI장에서 씬 브레이크다운 시에 파트별로 점검한 사항들을 일일 촬영계획표상에 명시하여 파트별로 준비해야 할 사항들에 차질이 없도록 해야 하며, 조감독은 촬영 전에 반드시 각 파트의 준비사항들을 점검하도록 합니다.

일일 촬영계획표를 작성할 때에는 날씨를 잘 고려해서 야외 촬영 계획을 잡아야 합니다. 하지만 아무리 미리 계획을 한다 하더라도, 일기예보와 다르게 갑자기 비가 오는 경우도 있을 수 있습니다. 때문에 일일 촬영계획표를 작성할 때면 만약에 비가 오는 사태에 대비한 여분의 계획을 고려해두는 것이 좋습니다. 그리고 정말로 원래 계획과 달리 비가 올 확률이 높다고 판단된다면 미리 스태프들에게 '비가 오지 않으면 아침 7시에 공원에서 촬영을 시작하고, 만약에 비가 온다면 8시에 스튜디오에서 실내 촬영을 진행하겠습니다.'와 같이 두 가지 촬영 일정을 고지해두는 것이 좋습니다. 그리고 당연히 스태프들이 촬영장으로 출발하는 시간을 고려하여 집합 2~3시간 전에는 반드시 일정을 확정해서 다시 알려주도록 합니다.

3. 촬영 현장의 진행

촬영 현장에 도착하면 조감독은 일일 촬영계획표의 순서에 따라 각 파트가 모두 계획대로 도착해서 촬영 준비가 이루어지고 있는지 파악하고, 준비가 덜 된 부분이 있다면 신속하게 대처하여 촬영 진행에 문제가 없도록 조치하여야 합니다.

배우들의 분장이 끝나면 감독과 배우들이 리허설을 할 수 있도록 현장을 정리하고, 아직 촬영 준비를 하고 있는 파트들이 언제 촬영 준비가 완료되는지를 파악합니다. 리허설을 할 때에는 씬 전체의 동선 리허설을 먼저 하여, 배우들과 각 파트의 스태프들이 동선을 숙지할 수 있도록 합니다. 그리고 씬 안에서 어떤 컷을 먼저 촬영할지를 메인 스태프들의 의견을 반영하여 정한 후에 배우 및 스태프들에게 알려줍니다.

일반적으로 씬을 촬영할 때 컷의 촬영 순서는 카메라 설치(set up, 셋업)나 조명 세팅에 소요되는 시간을 줄이기 위해 같은 방향의 컷들을 모아서 촬영하는 것이 좋습니다.(촬영 현장에서 '몰아찍기'라고 합니다.) 또한 같은 방향들의 컷이라고 하더라도 프레임 사이즈가 크고 동선이 있는 컷을 먼저 촬영하고 배우의 얼굴 클로즈업 같은 컷은 나중에 촬영하도록 해야 컷마다 전체 동선이 달라져서 찍은 컷을 다시 찍게 되는 경우를 피할 수 있습니다.

조감독은 촬영 준비에 시간이 많이 소요되는 컷은 후반부에 배치하면서 다른 컷을 촬영하고 있는 동안 해당 부서에서 미리 촬영 준비를 할 수 있도록 촬영 순서를 조율하고 운영하여야 합니다. 특별히 일정에 무리가 없다면 분량이 얼마 남지 않은 배우를 오래 기다리게 하기보다 먼저 찍고 배우가 쉴 수 있도록 배려하는 것도 좋은 운영이라고 할 수 있습니다. 그리고 특별한 문제가 없다면 컷의 촬영 순서를 너무 뒤죽박죽으로 하지 말고 최대한 이야기의 진행 순서를 유지하는 것이 배우들의 연기 흐름을 흐트러뜨리지 않을 수 있습니다. 부득이하게 촬영 순서를 바꾸어 촬영할 때, 감독은 전체 씬의 호흡을 놓치지 않도록 주의하면서, 배우들에게도 앞뒤 컷의 호흡과 리듬을 기억할 수 있도록 해주어야 합니다.

만약에 촬영을 진행하다가 계획한 장면을 모두 촬영하기에 남은 시간이 충분하지 않다면 감독과 프로듀서, 메인 스태프들은 함께 상의하여 빠르게 대책을 마련해야 합니다. 정말 중요한 장면을 촬영하지 못하게 되었을 경우에는 부득이하게 앞으로의 스케줄을 조정해야 할 경우도 있겠지만, 그렇게 하면 제작 예산과 일정 등 많은 것들이 계획과 달라지기 때문에 최대한 그날 촬영 분량은 그날 소화할 수 있도록 하는 것이 좋습니다. 감독은 촬영감독 등과 상의하여 촬영 분량 중에서 생략이 가능한 것들이 있는지를 검토한 후에 꼭 필요한 컷을 먼저 찍고 시간이 남으면 다른 컷들을 촬영하도록 합니다.

한 컷의 촬영을 마치면 감독은 촬영분이 OK인지 NG(not good)인지를 스태프들에게 알려주고, NG라면 어느 부분을 수정해서 다시 촬영을 할지 알려주고 재촬영을 합니다. 이렇게 OK 컷을 얻기 위해 하나의 컷을 보통 여러 번 촬영하게 되는데, 한 번 촬영할 때마다 컷 다음에 테이크(take) 번호를 붙여서 이를 구분합니다. 때문에 슬레이트 오퍼레이터는 매 촬영 테이크마다 씬 번호, 컷 번호, 테이크 번호를 슬레이트에 표시하여 화면에 촬영될 수 있도록 하여야 합니다. 조감독은 촬영팀과 동시녹음팀 등이 지금 촬영하고 있는 컷과 테이크를 혼동하지 않도록 매 컷의 촬영 전에 지금 어떤 컷을 촬영한다는 것을 잘 알려주어야 하며, 촬영 현장에서 수정되는 컷 번호를 잘 정리해 주어야 합니다. 파트마다 서로 다른 번호를 사용한다면 나중에 편집 과정에서 어느 화면이 어느 소리와 결합되어야 하는지를 정리하기 위해서 모든 소리들을 확인해보아야 되는 번거로움이 생길 수도 있습니다.

스크립터는 매 컷을 촬영할 때마다 스크립트(script)를 기록합니다. 각각의 테이크가 OK인지 NG인지와 함께 감독의 코멘트(comment)를 잘 메모해두어야 합니다. 또한 놓치기 쉬운 연기의 디테일들, 예를 들면 배우가 소품을 왼손에 들고 있었는지 오른손에 들고 있었는지 등 다른 컷들을 촬영할 때 이전 컷과 연결되어야 하는 부분들을 잘 메모하여야 하며, 필요하다면 사진을 찍어두거나 할 수도 있습니다. 그리고 이와 관계된 장면을 촬영할 때 조감독이나 해당 연출팀 스태프에게 이를 알려주어 일일이 촬영한 장면을 다시 찾아보며 확인하느라

SCRIPT PAPER

<혼자> (Alone)

				제작사	농부영화사
				프러듀서	차 혜 진
				감 독	박 홍 민
				기 록	

촬영일자	20 년 월 일 (회차)	촬영시간		날씨	
S#	C#	촬영장소		M D E N	S O L
Rec. Format		해상도		FPS	
ISO	Lens	T-stop		Filter	

Top View	End View

Camera Movement		Action & Dialogue	

T#	OK/NG	TIME	R#	Card No.	NOTE
1					
2					
3					
4					
5					
6					
7					
8					
9					
10					

[도판22] 영화 〈혼자〉 스크립트 양식 예시

촬영현장에서 시간을 소비하는 일이 없도록 하여야 합니다.

촬영 현장에서는 여러 파트들이 함께 참여하기 때문에 효율적인 작업을 위해서는 파트들 간의 호흡과 작업의 순서가 잘 맞아야 서로 간섭이 생기지 않으면서 빠르게 작업을 진행할 수 있게 됩니다. 촬영을 하다 보면 화면에 마이크가 등장하거나 스태프들의 발자국 소리가 녹음되어 다시 촬영하여야 하는 경우도 있을 수 있습니다. 카메라가 넓은 장면을 촬영하고 있기 때문에 마이크를 배우들에게 가까이 가져갈 수가 없게 되면 배우들의 대사가 깨끗하게 녹음되지 않는 경우가 있을 수 있습니다. 이럴 때는 영상을 먼저 촬영한 후에 카메라 없이 녹음을 위해 한 번의 테이크를 더 연기하여 앞에서 연기한 테이크와 최대한 비슷한 느낌의 소리를 녹음하도록 하면 나중에 사운드 후반작업 과정에서 보다 좋은 사운드 결과를 만들어낼 수 있게 됩니다. 이렇게 화면 없이 사운드만 따로 녹음을 하는 것을 사운드 온리(sound only)라고 부릅니다.

또한, 동시녹음 파트에서는 후반 사운드 작업을 위해서 촬영장소가 바뀔 때마다 대사가 없는 현장의 배경음을 따로 녹음해 두어야 합니다. 앰비언스(ambience) 또는 룸 톤(room tone)이라고 부르는 현장의 배경음은 사운드 후반작업 과정에서 서로 다른 컷들의 대사들을 편집해서 연결할 때 배경음의 크기가 서로 다른 문제를 해결할 수 있게 해주는데 사용됩니다. 앰비언스와 룸 톤은 비슷한 의미로 사용되기도 하지만 엄밀하게 구분하자면 앰비언스는 현장의 소음을 포함한 주변 배경음을 말하고, 룸 톤은 현장의 소음들을 최소화한 공간 자체의 소리를 말하는 용어로 전문 영역에서는 둘을 엄밀하게 구분해서 사용하지만 일반적으로는 비슷한 의미로 사용하기도 합니다.

4. 촬영 데이터의 관리

촬영한 필름이나 데이터는 매우 조심해서 다루어야 합니다. 필름으로 촬영할 때는 보통 필름 400ft(35mm 필름의 경우 대략 4분가량의 길이) 분량이 한 캔에 들어 있기 때문에 촬영을 마치고 나면 촬영한 필름과 촬영하지 않은 생필름(raw stock)이 필름매거진 안에 함께 들어 있게 됩니다. 이것을 빛이 들어가지 않는 암백(changing bag) 안에서 캔에 담아 꺼내게 되는데, 이때 촬영한 필름과 촬영되지 않은 생필름이 바뀌거나 섞이지 않도록 주의해야 합니다. 암백에서 캔을 꺼낸 후에는 바로 표시를 하여 누구나 알아볼 수 있도록 해야 합니다. 암백에서 필름을 장착하거나 꺼낼 때는 다른 사람과 이야기를 하거나 하지 말고 필름 작업에 집중하도록 합니다. 필름 캔을 암백에서 꺼내놓고 잠시 한눈을 팔고 나면 어느 캔이 어떤 캔인지

헛갈리게 되고 필름의 경우 현상하기 전에는 어느 캔에 어떤 필름이 들어 있는지를 알 수 있는 방법이 전혀 없기 때문에 특별히 주의를 기울여야 합니다. 가끔 촬영할 때 특수현상을 해야 하는 필름인 경우 캔을 혼동하면 치명적인 결과를 초래할 수도 있습니다.

필름 촬영에서는 촬영한 필름과 생필름의 혼동을 피하기 위하여 필름이 담긴 캔을 밀봉할 때 촬영한 필름에는 적색 마스킹 테이프를 사용하고 생필름에는 청색 마스킹 테이프를 사용하곤 합니다. 어느 촬영팀이든 대부분 이 불문율을 지키고 있는데 이 방법은 현재에도 매우 유용한 팁입니다.

디지털캠코더로 촬영할 때에는 필름이 아닌 디지털 테이프나 메모리카드, SSD나 외장하드 등을 사용하게 됩니다. 이때에도 촬영을 한 메모리카드 등을 카메라에서 분리하게 되면 바로 적색 마스킹 테이프를 붙여서 촬영한 데이터가 들어 있음을 한눈에 알 수 있도록 하는 것이 좋습니다. 이렇게 적색 표시가 된 메모리카드는 데이터 매니저(data manager)에게 넘겨지고, 데이터 매니저는 백업을 마친 후에 다시 메모리카드에 청색 마스킹 테이프로 표시를 한 후에 촬영팀에게 넘겨주도록 합니다.

이런 테이프 마스킹 방식은 여러 곳에서 유용하게 적용될 수 있습니다. 가령 카메라의 배터리 같은 경우 충전을 마치면 바로 사용할 수 있다는 뜻으로 접촉단자 부위에 청색 마스킹 테이프로 마킹을 하고 그 위에 충전 날짜와 시간을 기록합니다. 배터리를 사용할 때에는 접촉 부위에 붙어 있는 마스킹 테이프를 떼어내 사용하고, 촬영을 마치고 나면 마스킹 테이프가 제거된 배터리들을 모아서 충전을 합니다. 이렇게 해서 충전된 배터리와 사용한 배터리들을 한눈에 알아볼 수 있도록 관리할 수 있습니다.

메모리카드와 같이 촬영 중간에 계속 백업을 해야 하는 경우에는 촬영 전에 미리 촬영할 데이터의 크기를 예측하여 적당량의 백업하드를 준비해야 합니다. 백업하드를 살 때에는 가끔 호환이 되지 않는 경우가 있기 때문에 편집실이나 후반작업실에 문의하여 호환이 가능한 하드를 추천받는 것도 좋습니다. 또한 외장하드의 케이스는 몇 개의 포트를 제공하는데 이 전송포트도 호환이 되지 않거나 필요한 포트가 없는 케이스도 있기에 어떤 포트가 제공되어야 하는지도 잘 알아보고 구입하는 것이 좋습니다. 백업하드가 한 개로 부족할 수도 있기에 어느 정도의 수량이 필요한지를 감안해서 구입하도록 하고, 하드가 충격을 받지 않도록 하드 전용 보관 가방이나 박스도 준비하는 것이 좋습니다.

5. 촬영할 때의 유의사항들

매번 촬영을 앞둔 학생들에게 반복해서 당부하는 세 가지가 있습니다. 첫 번째는 배우 및 스태프들의 안전, 두 번째는 장비의 손·망실, 세 번째는 촬영 현장에서 어떤 변수가 있더라도 반드시 대안을 찾아 영화를 완성할 것입니다.

촬영을 진행하고 있는 동안 스태프들은 카메라와 배우들에게 집중하느라 주변의 위험 요소들을 발견하지 못할 수 있습니다. 때문에 혼잡한 야외 촬영과 같은 상황에서는 현장을 통제할 수 있는 인원을 별도로 두어 안전사고가 일어나지 않도록 특별히 유의해야 합니다. 무엇보다도 배우들과 스태프들의 안전이 우선되어야 함은 물론이고, 다음으로는 취급 부주의로 인하여 장비를 잃어버리거나 장비가 망가져 촬영이 중단되거나 지연되지 않도록 신경을 써야 합니다. 특히 한 장소에서 촬영을 마치고 다음 촬영 장소로 이동할 때 장비들을 두고 오지 않도록 파트별로 책임자를 두어 꼼꼼히 챙겨야 합니다.

마지막으로 촬영 현장은 항상 많은 변수가 존재합니다. 갑작스러운 날씨 변화에서부터 예측하지 못한 여러 상황에 부딪치게 될 수 있지만, 가장 바람직한 것은 이러한 변수들을 최대한 예측하여 갑작스럽게 비가 올 때의 대안 스케줄을 미리 마련해 두는 등 철저한 준비를 통해 변수를 줄이는 것입니다. 그럼에도 불구하고 예상 외의 불가피한 상황에 처하게 되었을 때 신속하게 대안을 마련해 대처할 수 있어야 합니다. 한 편의 영화를 완성하기까지 많은 변수들에 맞닥뜨리게 되는데 그때마다 제작이 중단된다면 영화가 완성되기 어렵겠죠. 문제에 봉착했을 때 좌절하지 말고 어떻게 어려움을 헤쳐나가야 할지 냉정하게 판단하는 것이 필요합니다.

6. 촬영 후의 처리들

영화학과가 있는 학교 주변의 상가들에서는 많은 학생들이 그동안 단편영화들을 촬영하기 위해서 카페, 편의점, 식당 등의 공간들을 자주 섭외해서 촬영을 해왔기 때문에 단편영화 촬영에 익숙한 경우가 많습니다. 그런데 이전에 상가의 공간을 빌려서 촬영을 했던 학생들이 촬영을 마치고 뒤처리를 어떻게 했는지에 따라, 다음에 다른 학생들이 또 촬영을 위하여 찾아갔을 때 쉽게 협조를 얻을 수 있는지 여부가 달라지는 경우가 많습니다.

촬영 장소를 협조해주었던 분들이 계속해서 흔쾌히 촬영 협조를 해주게 하기 위해서는 몇 가지 지켜야 할 사항들이 있습니다.

첫째로 약속한 장소 대여 시간을 지키는 것입니다. 어느 촬영 현장이나 시간이 충분한 현장은 거의 없습니다. 여러 명의 배우와 스태프가 모여서 작업하는 촬영 현장은 항상 시간이 모자랍니다. 때문에 예상했던 촬영 시간을 초과하는 경우가 자주 있습니다. 촬영 장소를 대여할 때 시간을 너무 빡빡하게 잡아놓으면 본의 아니게 약속 시간을 지키지 못해 신뢰를 잃게 되기도 하고, 무엇보다 촬영을 다 마무리하지 못하고 시간에 쫓겨 촬영을 마쳐야 될 수도 있습니다. 때문에 장소를 대여할 때 촬영 시간을 조금 여유 있게 잡아두거나 촬영 시간이 예상보다 늘어나게 될 수도 있다는 것을 얘기해두는 것이 좋습니다. 만약에 약속한 시간을 넘겼다면 정중히 사과를 하고, 남은 촬영 분량을 검토한 후에 어느 정도까지 마무리하겠다고 다시 허락을 얻어야 합니다. 이때 조급한 나머지 다시금 너무 촉박한 시간을 정해서 또 약속한 시간을 어기게 되지 않도록 신중하게 대처하는 것이 좋습니다. 한 번은 양해해주더라도 두 번이나 연속해서 약속을 어기게 되면 누구라도 신뢰할 수 없게 되고 촬영팀에 대한 불만이 생겨날 수 있습니다.

두 번째는 촬영하면서 카메라나 조명기의 세팅을 위하여 이동했던 가구나 소품 등을 원상태로 복구하는 일입니다. 이를 위하여 처음 촬영 현장에 도착하면 원래의 세팅을 디지털카메라 등으로 꼼꼼하게 촬영해두는 것이 좋습니다. 한 번 위치를 움직이고 나면 나중에 제자리가 어디였는지 알 수 없어 원상복구가 어려워집니다. 그리고 원래 있던 세팅을 옮기거나 변경해야 할 때는 아무나 임의대로 하지 말고 미술팀이나 제작팀의 담당자를 거쳐 허락을 받고 움직여야 나중에 담당자들이 옮겨진 가구나 소품들을 기록해두었다가 촬영을 마친 후에 원상태대로 돌려놓을 수 있게 됩니다. 특히 아무나 소품들을 이동해 놓았다가 어디에 두었는지 모르게 되어 잃어버리거나 하게 되면 촬영 후에 곤란해질 수도 있기에 촬영을 하면서도 촬영을 마치고 원상복구를 해야 하는 것을 스태프들에게 충분히 강조해두어야 합니다.

세 번째는 촬영 중에 실수로 대여한 장소에 있던 시설이나 물품들을 훼손하거나 망가뜨렸을 경우, 이를 숨기지 말고 정중히 사과한 후 변상을 하도록 합니다. 주인에게 알리지 않고 그냥 가버리고 난 후에 주인이 사실을 알게 되면 촬영팀에 대해 좋은 인상을 갖기 어렵게 됩니다.

촬영을 위해서 촬영 현장 주변에서 빌려온 물품들이 있다면 깨끗이 정리해서 잘 반납하도록 합니다. 그리고 감사 인사와 함께 촬영에 도움을 주신 분들의 명단을 잘 정리해두도록 합니다. 나중에 크레딧을 작성할 때 촬영 협조를 얻은 곳들의 연락처와 명단을 몰라서 당황하는 일이 없도록 해야 합니다.

X. 편집

1. 디지털 후반작업 프로세스

영화 촬영 현장에서의 녹음 시스템은 화면과 소리를 함께 저장하는지, 분리해서 저장하는지에 따라 크게 두 가지로 구분할 수 있습니다. 화면과 소리를 하나의 카메라에 녹화하는 것을 싱글 시스템(single system)이라고 하고, 카메라로는 화면을 촬영하고 소리는 별도의 녹음기를 사용하여 녹음하는 것을 더블 시스템(double system)이라고 합니다.

필름을 사용하는 영화 카메라에는 소리를 녹음할 수 있는 기능이 없었기 때문에 초창기 영화들은 무성영화였습니다. 나중에 토키(talkie) 영화라고 부르는 유성영화가 개발되었는데, 당시 영화 카메라와 조명기들은 소음이 너무 커 도저히 촬영 현장에서 배우의 목소리를 녹음할 수가 없었습니다. 그렇기 때문에 영상을 다 편집하고 난 후에 녹음실에서 화면을 보면서 입모양

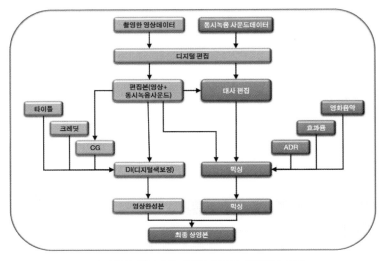

[도판23] 영화제작 과정의 디지털 후반작업 흐름

을 맞추어 대사를 녹음하고, 여기에 효과음과 음악을 더해 사운드를 만들었습니다. 이렇게 촬영 현장이 아닌 녹음실에서 녹음을 하는 것을 동시녹음과 구분해서 후시녹음이라고 부릅니다.

나중에 소음이 적은 카메라가 개발되어 동시녹음이 가능해지긴 했지만 여전히 필름에 영상과 함께 소리를 녹음할 수는 없었기 때문에, 영화의 녹음 시스템은 동시녹음이나 후시녹음의 경우 모두 오랫동안 자연스럽게 더블 시스템을 사용해왔습니다. 나중에 비디오카메라가 보급되면서 화면과 소리를 하나의 카메라에 손쉽게 담을 수 있게 되었지만, 영화의 경우에는 정교한 사운드의 품질을 컨트롤하기 위해서 별도의 녹음팀이 작업을 하는 것이 효율적이었기 때문에 여전히 듀얼 시스템을 사용하는 경우가 일반적입니다. 하지만 영화에 비해 소규모로 촬영을 해야 하는 다큐멘터리나 방송의 경우에는 싱글 시스템을 사용하는 경우가 더 많습니다. 듀얼 시스템을 사용하는 경우에는 촬영 후에 영상과 소리의 싱크를 맞추어 하나로 합치는 과정이 필요합니다.

촬영 현장에서 촬영된 영상과 녹음된 소리는 각각 편집실로 보내져 하나로 합쳐진 후에 편집을 하게 됩니다. 편집을 마치면 다시 영상과 소리를 분리하여 각각 영상에서는 CG 등 시각효과와 합성 등의 작업과 타이틀, 크레딧 작업 등이 이루어지고, 사운드 분야에서는 편집된 화면에 맞추어 정밀한 대사 편집과 효과음, 음악 등을 편집하여 최종 믹싱 과정을 거칩니다. 이렇게 해서 완성된 영상은 디아이(DI, Digital Intermediate)라고 부르는 디지털 색보정 작업을 거친 후에 완성된 소리와 함께 하나로 합쳐져서 최종 상영 포맷으로 만들어져 극장으로 보내지게 됩니다.

2. 편집 준비

필름을 사용해 촬영한 경우, 촬영된 필름은 현상소로 보내져 현상을 하고, 텔레시네(telecine)라는 디지털화 과정을 거쳐 편집실로 넘겨지게 됩니다. 디지털 카메라로 촬영된 영상은 백업 하드에 옮겨서 바로 편집실로 넘겨지게 되는데, 요즘은 이 과정에서 촬영된 원본 해상도가 너무 큰 경우 편집과정에서 처리할 데이터 용량을 줄이기 위해 다운 컨버팅(down converting)을 통하여 해상도를 낮게 변화시키는 과정을 거치기도 합니다.

촬영 현장에서 녹음된 소리 역시 외장하드에 담아서 편집실에 도착하게 되고, 편집실에서는 영상과 소리를 매칭하여 서브클립(sub clip)을 만들게 됩니다.

편집실에 넘어오는 데이터는 OK 컷과 NG 컷이 포함되어 있어 분량이 많기 때문에 잘 정리해놓지 않으면 편집을 할 때 바로바로 찾아서 사용하기가 쉽지 않습니다. 그렇기 때문에 편집을 하기 전에 먼저 영상 정보가 담긴 파일인 비디오 클립(video clip)과 소리 정보가 담긴 오디오 클립(audio clip)을 씬 별로 구분해서 정리를 해놓아야 합니다. 그러고 나서 컷 별로 비디오 클립과 오디오 클립을 각각 찾아서 싱크를 맞추어 비디오와 오디오가 합쳐진 파일 클립을 만듭니다. 이때 촬영현장에서 사용한 슬레이트의 클래퍼(clapper)가 맞닿는 영상 프레임과 클래퍼가 부딪히는 소리가 들어 있는 프레임을 서로 맞추어 화면과 소리의 싱크(sync)를 맞추게 됩니다. 이렇게 만들어진 서브 클립(sub clip)들을 씬 별로 잘 정리해두어야 편집에 바로 사용할 수 있습니다.

3. 디지털 편집 툴

영상 편집의 방식은 크게 선형 편집(Linear Editing, LE, 리니어 에디팅)과 비선형 편집(Non-Linear Editing, NLE, 넌리니어 에디팅)으로 구분할 수 있습니다.

선형 편집은 일대일 편집 시스템이라고도 부르는 테이프 기반의 편집 시스템으로서 테이프를 녹화하거나 재생할 수 있는 두 대의 데크(deck)를 서로 연결하여 편집을 하는 것인데, 처음부터 한 컷씩 소스 테이프(source tape)로부터 레코딩 테이프(recording tape)로 녹화해가면서 순서대로 편집을 하는 방식입니다. 때문에 편집을 하다가 앞에서 편집한 컷의 편집을 바꾸고 싶다면 그곳에서부터 다시 편집을 해야 하는 번거로움이 있습니다. 또한 화면 전환이나 합성 등을 하기 위해서는 소스 플레이어가 한 개가 아니라 두 개 이상이 필요로 하게 되며, 이를 'A/B롤 편집'이라고 부르고, 여기에 영상 합성을 위한 믹서를 포함하면 종합 편집시스템이라고 하며 방송국의 종합 편집실(종편실)에서 사용하는 시스템이 갖추어집니다.

이에 비해 비선형 편집은 주로 컴퓨터를 사용하여 편집을 하게 되는데, 편집 작업을 순서대로 하지 않아도 되고, 편집점을 찾기 위하여 소스 테입을 앞뒤로 계속 돌려보지 않아도 되기에 작업 속도가 빠르며, 무엇보다 편집의 수정이 용이하다

[도판24] 아비드(Avid)의 NLE 편집기 미디어 컴포저(Media Composer)

는 장점으로 인해 1980년대 후반부터 점점 더 많이 사용되어

오다가 근래에는 대부분의 편집실에서 사용되고 있습니다.

비선형 편집은 원본 소스를 자르고 붙이는 방식이 아니라 원

본 소스의 위치 정보를 사용하여 편집하기 때문에 여러 번 편

집을 수정해도 원본의 손상이나 변형이 없어 화질 손실 없이

편집을 할 수 있습니다. 편집을 하고 나면 EDL(Edit Decision

List)이라고 하는 편집된 정보를 원본 소스와 함께 CG업체나

디아이(DI)업체와 공유하여 작업을 진행할 수 있습니다.

현재 영상편집 분야에서 가장 많이 사용하고 있는 비선형

편집 툴은 아비드(Avid), 파이널 컷 프로(Final Cut Pro), 어도

[도판25] 맥(mac) 기반의 파이널 컷 프로 X(Final Cut Pro X)

비 프리미어 프로(Adobe Premiere Pro)라고 하는 시스템들입니다. 아비드는 일찍이 NLE 분야에서 고성능 하드웨어를 장착한 시스템으로 빠르게 영화 현장에 보급되었습니다. 당시 하드웨어 편집 시스템은 매우 고가였지만 소프트웨어 기반의 다른 프로그램들이 따라올 수 없는 고성능으로 영화 현장에서 널리 사용되었습니다. 비슷한 시기에 소프트웨어 편집 툴로 Mac을 기반으로 한 파이널 컷 프로와 IBM을 기반으로 한 어도비 프리미어 프로그램이 있었지만 초창기에는 PC의 성능 자체가 동영상을 처리하기에 원활하지 않았기 때문에 학생들이나 아마추어 영상 작업에서나 사용되었습니다.

[도판26] 어도비 프리미어 프로 CS6(Adobe Premiere Pro CS6)

그러나 PC기술이 빠르게 발전하여 곧 하드웨어 편집 시스템에 비해 상대적으로 매우 적은 비용으로도 영상 편집을 할 수 있게 되면서 영화나 방송 분야에서도 파이널 컷 프로와 어도비 프리미어 프로를 사용하게 되었습니다. 뒤늦게 아비드에서도 PC에서 사용할 수 있는 아비드 프로그램을 내놓으면서 현재는 세 가지 소프트웨어 편집 툴이 모두 사용되고 있습니다.

편집 툴들은 초반에는 각각의 특징과 차이도 있고, 윈도우와 Mac 기반이라는 차이도 있었지만, 현재는 서로 장점을 도입하고 부족한 부분을 보완하여 어느 정도 비슷한 성능을 보이고 있기에 자신이 사용하는 데 익숙한 툴을 사용하면 됩니다.

4. 순서편집과 본편집

순서편집은 쉽게 말하면 각 쇼트의 테이크들 중에서 OK 컷들만을 골라서 콘티뉴이티의 순서대로 이어 붙여놓은 것을 말합니다. 그다음에는 각 컷의 슬레이트 부분을 잘라내고 앞 컷과 뒤 컷의 연결이 자연스럽게 편집점을 찾아 편집을 합니다. 이렇게 동작이 자연스럽게 연결되도록 편집점을 찾아 연결하는 것을 액션 매치컷(action match cut), 줄여서 매치컷(match cut)이라고 합니다. 그리고 가끔 콘티뉴이티상의 여러 컷을 하나의 쇼트로 연결해서 한 번에 촬영한 경우가 있기 때문에 해당 컷들을 잘라서 시나리오상의 적당한 위치에 맞추어 편집을 하면 대략의 순서편집본이 완성됩니다. 촬영본은 원래의 시나리오와 완전히 같도록 촬영되었을 수도 있지만, 대부분은 시나리오의 일부가 촬영 현장에서 바뀌거나 생략되고 때로는 시나리오에 없는 부분이 추가되기도 합니다. 이렇게 원래 시나리오에서 바뀐 부분은 스크립터가 따로 정리해서 스크립트와 함께 편집감독에게 전달해주어야 합니다.

순서편집본은 대개 원래 계획했던 영화의 길이보다 1.5배에서 2배 정도 긴 경우가 많습니다. 상업영화의 경우 완성된 영화가 100분 정도인 경우 순서편집본은 길면 3시간에 육박하는 경우도 있습니다. 이 순서편집본을 감독 및 프로듀서 등과 함께 보면서 대략의 편집 방향에 대하여 논의합니다. 감독의 의도와 편집감독의 의견을 바탕으로 편집 방향을 정하고 이를 바탕으로 본편집을 합니다.

편집감독들은 대부분 콘티뉴이티를 참고하지만 콘티뉴이티와 완전히 똑같이 편집을 하지는 않습니다. 때문에 본편집본은 순서편집본과 많이 달라지기도 합니다. 편집이 진행되면서 원래 시나리오의 설정이 달라질 수도 있고, 시나리오상의 씬 순서가 바뀌기도 합니다. 경우에 따라 씬이 삭제될 수도 있고 추가 촬영이 필요하게 될 수도 있습니다.

5. 편집본의 시사 및 편집 수정

편집이 완성되면 완성된 편집본을 가지고 감독, 프로듀서, 조감독 및 메인 스태프들이 함께 모여 편집본 시사를 합니다. 편집본을 중간에 멈추지 않고 한 번에 처음부터 끝까지 보고 나서, 각자의 의견을 이야기하며 이후의 편집 수정 방향에 대해 논의합니다. 조감독은 논의되는 의견들과 편집 수정 방향, 그리고 이후의 작업 진행에 대해 메모를 하도록 합니다.

편집감독은 편집본 시사에서 나온 의견들을 참고하여 수정 방향에 따라 편집을 수정합니다. 수정된 편집본을 주요 스태프들과 보면서 다시 수정 및 보완할 점은 없는지 검토합니다.

편집감독은 이렇게 몇 번의 수정 보완을 거쳐 최종 편집본을 완성하게 됩니다.

최종 편집본이 완성되면 편집된 EDL이라고 부르는 컷리스트(cut list)를 출력하여 다음 작업을 위해 필요한 파트로 보냅니다. EDL에는 원본 소스의 위치 정보가 담겨 있기 때문에 EDL과 원본 소스를 가지고 있으면 어디서든 편집된 영상을 확인하고 이후 작업을 진행할 수 있게 됩니다. 촬영된 원본 영상 소스가 필름이나 테이프라면 이 EDL을 바탕으로 네거티브 필름 편집(negative film editing)이나 일대일 편집을 통해 마스터(master) 영상을 만듭니다.

CG 파트나 사운드 파트에서도 이 편집 데이터를 기준으로 작업을 진행합니다. CG 파트에서는 EDL을 바탕으로 CG가 필요한 장면의 원본 소스를 찾아서 CG 작업을 한 후에 다시 최종 작업본을 출력하여 편집실, 또는 DI 작업실로 보내줍니다. 편집실이나 DI실에서는 CG 작업된 영상과 타이틀 및 크레딧 영상을 받아서 원래의 위치에 바꾸어 넣습니다. 그리고 DI라고 부르는 색보정 작업을 거쳐 최종 영상본이 완성됩니다. 이렇게 완성된 최종 영상본에 사운드 작업을 통해 완성된 사운드 믹싱본을 합쳐서 극장에서 상영할 수 있는 디지털 시네마 포맷인 DCP(Digital Cinema Package)로 출력하면 우리가 극장에서 볼 수 있는 영화가 완성되는 것입니다.

XI. 사운드와 영화음악

1. 사운드 후반작업의 과정

편집이 끝나고 CG나 시각효과, 타이틀, 크레딧 등의 영상작업이 진행되는 동안 사운드는 편집 데이터와 함께 사운드 후반 작업팀으로 넘겨집니다.

사운드팀에서는 동시녹음된 대사들을 정리하여 소리를 다듬은 후에 편집본에 맞추어 대사 편집을 합니다. 여기에 필요하다면 상태가 좋지 않은 대사를 녹음실에서 다시 녹음하기도 합니다. 이를 ADR(After Dialog Recording)이라고 하는데, 동시녹음된 소리의 상태가 좋지 않거나, 내레이션(narration)의 녹음 등이 ADR로 녹음됩니다. 그리고 촬영 현장에서 녹음된 대사와 녹음실에서 녹음된 대사는 현장의 배경음에 차이가 있기 때문에 촬영 현장에서 별도로 녹음된 배경음(ambience, 앰비언스)을 사용하여 하나의 씬 안에서 대사들의 배경음이 일정하게 들리도록 정리해주는 작업을 합니다. 또, 영화에 등장하는 효과음들은 대부분 녹음실에서 다시 만들어집니다. 격투 장면이나 총소리 등은 동시녹음된 소리로는 원하는 효과를 만들기 어렵기 때문에 폴리 아티스트(foley artist)라고 부르는 효과음 전문가가 녹음실에서 만들어낸 소리를 사용하게 됩니다. 여기에 영화음악 감독이 만든 음악트랙을 합쳐서 대사, 배경음, 효과음, 음악의 각 트랙의 소리들의 밸런스를 조절하여 최종 믹싱(mixing)을 거쳐 영화의 사운드가 완성됩니다.**

2. 사운드 작업에 사용되는 사운드 소스들

영화 작업에서 대사 편집을 할 때는 등장인물마다 별도로 하나 이상의 트랙을 사용합니다. 우리가 일상생활에서 대화를 나눌 때에도 다른 사람의 이야기가 끝날 때까지 기다렸다가 말을 하지는 않기 때문에, 대사를 하나의 트랙에 순차적으로 이어 붙이게 되면 대사와 대사 사이가 자연스럽지 못하고 어색한 순간이 생겨나게 됩니다. 때문에 보통의 대화 씬에서는 한 사람의 대사가 끝나기 전에 다음 사람의 대사가 조금 미리 시작되도록 편집하게 됩니다. 이때 화면은 대사 편집의 위치와 똑같이 시작되는 것이 아니라 보통 대사가 시작되기 조금

** 영화의 사운드와 관련해서는 『영화 사운드의 이해』(목혜정 저, 아모르문디, 2016)에 보다 자세하게 설명되어 있으니 함께 공부하면 좋을 것 같습니다.

전이나 시작된 조금 후에 바뀌도록 편집을 하기도 합니다. 이 것은 소리가 편집된 지점과 화면이 편집된 지점을 의도적으로 다르게 하여 컷과 컷이 연결된 순간을 관객들이 덜 의식하고 자연스럽게 이야기의 흐름에 몰입할 수 있도록 하기 위한 것 입니다.

영화에서 사용되는 대사는 화면과 함께 촬영 현장에서 동시 녹음된 대사와 사운드 온리(sound only)로 따로 녹음된 대사, 녹음실에서 ADR로 다시 녹음된 대사, 그리고 역시 녹음실에 서 녹음된 화면 외부의 내레이션 등이 있습니다. 사운드 편집 과정에서는 이런 대사의 소리들을 각각의 트랙으로 만들어 편 집을 하게 됩니다. 때문에 여러 명의 배우가 등장한다면 대사 트랙도 여러 개가 존재할 수 있죠.

촬영 현장에서 녹음된 대사들 가운데는 불가피하게 소리의 품질이 좋지 않은 경우가 있을 수 있습니다. 현장 주변에 차도 나 공사장 등이 있어 소음이 많은 환경이거나 혼잡한 재래시 장과 도심 거리 등에서는 소음이 전혀 없이 녹음하는 것이 불 가능할 수밖에 없습니다. 때문에 후반 사운드 작업 과정에서 이렇게 사운드 품질이 좋지 않은 대사의 경우에는 배우를 따 로 녹음실로 불러 대사를 다시 녹음합니다.

ADR 작업을 할 때 배우는 미리 촬영된 화면을 보면서 화면 의 입모양에 맞추어 최대한 현장의 느낌을 살려가며 대사를 녹음하게 됩니다. 동시녹음된 소리가 전혀 없는 애니메이션 영화의 대사들은 모두 이런 과정을 통해 만들어진다고 할 수 있습니다.

동시녹음된 대사들은 상황에 따라 현장의 배경음 크기가 다릅니다. 대사를 깨끗하게 녹음하기 위해서는 마이크를 최대한 배우들에게 가깝게 위치시켜야 하지만 카메라가 롱 쇼트(long shot)로 인물을 넓게 촬영하고 있으면 화면에 마이크가 등장하는 것을 피하기 위하여 어쩔 수 없이 마이크가 배우로부터 멀어지게 됩니다. 이때 배우의 대사는 마이크가 배우에게 더 가깝게 위치했던 클로즈업 쇼트(closeup shot)보다 작은 크기로 녹음되지만, 배경음의 크기는 롱 쇼트나 클로즈업 쇼트나 비슷한 크기로 녹음이 됩니다. 이렇게 작게 녹음된 대사의 크기를 컷마다 비슷하게 맞추기 위해서 소리의 게인(gain, 신호의 강도)을 크게 만들면 대사의 크기도 커지지만 배경음의 크기도 함께 커지기 때문에 결과적으로 컷마다 배경음의 크기가 들쭉날쭉하게 됩니다.

이렇게 컷마다 서로 다른 배경음의 크기는 편집을 통해 컷이 연결되는 순간에 관객들이 편집점을 의식하게 만들어 이야기에 몰입하는 것을 방해합니다. 이것을 방지하기 위하여 사운드 편집과정에서는 배경음의 크기를 컷마다 비슷하게 만드는 작업을 합니다. 너무 큰 배경음의 노이즈를 제거하기도 하고, 배경음이 너무 작거나 ADR 등과 같이 배경음이 전혀 없는 대사들에 현장에서 따로 녹음된 앰비언스를 덧입혀서 일정한 톤이 유지되도록 합니다.

영화에서 배우들이 움직일 때 나는 소리들은 사실 동시녹음 현장에서는 잘 녹음되지 않는 경우가 많습니다. 격투장면에서 실제로 서로 치고받는 소리들은 우리가 극장에서 들었던 것처럼 실감나는 소리들이 아니라 실제로는 전혀 극적이지 못한 소리들인 경우도 많죠. 때문에 별것 아닌 것 같아 보이는 발자

폴리 아티스트의 세계

[도판27] 안익수

[도판28] 정성권

[도판29] 문재홍

국 소리나 문 여닫는 소리들도 사실은 녹음실에서 하나하나 다시 녹음을 해서 만들어지는 경우가 대부분입니다. 이렇게 화면에서 나는 효과음들을 전문적으로 만들어내는 사람을 폴리 아티스트(foley artist)라고 부릅니다.

이렇게 해서 만들어진 효과음들을 적절히 가공하고 편집해서 효과음 트랙이 별도로 만들어지게 됩니다. 이렇게 대사, 배경음, 효과음 트랙들이 완성되면 영화음악과 함께 최종 믹싱을 거쳐 영화의 사운드가 만들어지게 됩니다.

3. 영화음악

영화음악은 사운드 후반작업팀이 아니라 영화음악 전문 작업실에서 별도로 만들어지는 경우가 대부분입니다. 영화음악은 영화의 스토리 내부 음악과 외부 음악으로 나누어볼 수 있습니다. 카페나 노래방 등 실제로 영화 속 등장인물들이 있는 공간에서 음악이 나오거나 등장인물이 노래를 부르는 경우에 필요한 음악이 있고, 영화 속 등장인물에게는 들리지 않지만 관객들로 하여금 이야기에 몰입하게 하고 극적인 효과를 강조하기 위하여 삽입되는 효과음악이 있죠. 영화 〈타이타닉〉의 유명한 선상 장면에서는 로맨틱한 영화음악이 흘러나오지만 이런 상황이 영화가 아니라 실제라면 미리 준비한 이벤트가

〈타이타닉〉의
영화음악

〈중경삼림〉의
영화음악

〈접속〉의
영화음악

아닌 한 이런 순간 음악이 나올 리가 없겠죠.

영화음악은 또 모차르트나 베토벤처럼 기존의 유명한 곡을 가져다가 사용할 수도 있고, 영화를 위해 새롭게 음악을 작곡해서 사용하는 경우도 있습니다. 왕가위 감독의 〈중경삼림〉(重慶森林: Chungking Express, 1994)에서는 마마스 앤 파파스(The Mamas & the Papas)라는 그룹의 '캘리포니아 드리밍(California Dreamin)'이라는 곡을 삽입해서 영화의 극적 효과를 높였고, 한석규와 전도연이 주인공으로 출연했던 한국영화 〈접속〉에서는 사라 본(Sarah Vaughan)의 '러버스 콘체르토(A Lover's Concerto)'가 사용되어 관객들의 사랑을 받았습니다. 기존의 음악이 아니라 영화를 위해 완전히 새롭게 작곡하는 음악을 오리지널 스코어(Original Score)라고 합니다. 우리가 잘 아는 〈스타워즈〉(Star Wars, 1977)나 〈2001 스페이스 오딧세이〉(2001: A Space Odyssey, 1968)와 같은 영화의 오리지널 스코어들은 영화만큼이나 유명하기도 합니다. 영화에 사

〈2001 스페이스 오딧세이〉의 영화음악

용된 음악들을 영화 장면에 믹싱된 그대로 음반으로 만드는 경우 오리지널 사운드트랙(Original Sound Track)이라는 용어를 사용합니다. 여기에는 가끔 영화의 대사나 효과음이 같이 들어 있기도 하죠.

영화음악은 시나리오 단계부터 감독과 영화음악 감독이 함께 의견을 교환하면서 영화의 분위기에 맞는 음악을 만들어가고, 영화 촬영이 진행되고 편집되어감에 따라 해당 장면에 어울리는 구체적인 음악의 분위기와 종류, 분량 등이 정해집니다. 영화음악 감독은 편집이 완성되기까지 음악의 길이를 어느 정도 여유 있게 만들어놓은 후, 편집이 끝나면 편집의 리듬과 씬의 길이에 맞게 음악을 편집해서 맞추게 됩니다.

음악은 그 자체만으로도 충분히 완성된 예술 장르이기에 그 안에서도 세분화되면 무척 다양한 파트들로 나뉘게 됩니다. 영화음악 감독은 필요에 따라 가수를 섭외해서 녹음을 하기도 하고, 피아노나 기타, 때로는 전자악기들을 사용해 음악을 만들어 녹음하거나, 오케스트라를 불러 대규모의 녹음을 진행하기도 합니다. 어떤 경우에는 자연의 소리들을 녹음해서 음악으로 만들어낼 수도 있고, 공포음악 같은 경우 정확한 멜로디가 없이 음산한 분위기의 효과음들로 영화음악이 만들어지기도 합니다. 이렇게 영화음악이 완성되기까지는 수많은 악기와 음원들이 사용되기 때문에 영화음악의 트랙도 사용하는 악기나 음원의 수만큼 다양해지게 됩니다.

4. 사운드 믹싱

앞에서 만들어진 대사와 앰비언스, 효과음, 영화음악은 각각 많은 트랙들을 포함하고 있기에 이들을 한 번에 믹싱(mixing)을 하기에는 어려움이 있습니다. 믹싱은 여러 종류의 소리들이 서로 잘 어울려서 하나의 리듬과 분위기를 만들어내도록 각각의 크기와 음색 등을 조절하는 작업입니다. 가끔 음악 프로그램 같은 곳에서 DJ들이 음악 믹싱을 하는 것을 보면, 여러 소리들을 한 번에 조작하기 위해 분주하게 여러 개의 노브(knob, 스피커 등에 장착되어 있는 것으로, 돌려서 강도를 조절하는 손잡이)와 페이더(fader, 전문 음향기기에서 볼 수 있는 위아래로 슬라이드하면서 강도를 조절하게 되어 있는 조절 손잡이) 등을 컨트롤하는 것을 볼 수 있습니다. 그런데 영화의 사운드는 이보다 훨씬 복잡하고 많은 수백 개에서 수천 개의 트랙들이 사용되기 때문에 이 모든 트랙을 한 번에 믹싱하기는 실질적으로 불가능합니다. 그래서 본믹싱을 거치기 전에 대사, 배경음, 효과음, 영화음악 트랙들 각각의 비슷한 트랙들을 합쳐서 프리믹싱(pre-mixing)을 하고, 이렇게 프리믹싱된 트랙들을 가져다가 화면을 보면서 편집의 리듬에 맞추어 최종 믹싱을 하게 됩니다.

여러 소리들이 합쳐지는 과정에서 소리들은 서로 영향을 미치기 때문에 주의해서 믹싱을 해야 합니다. 소리는 +와 −를 오가는 하나의 파동이기 때문에 +부분의 파형과 −부분의 파형이 합쳐지면서 극단적인 경우에는 각각의 트랙에서는 들리던 소리가 합쳐지게 되면 들리지 않는 경우도 있을 수 있습니다. 때로는 대사가 음악이나 효과음에 묻혀서 잘 들리지 않게 되거나, 어느 특정한 소리가 지나치게 크거나 작아서 관객들이 이야기에 몰입하는 데 방해될 수도 있기에 이런 점들을 감안해 주의 깊게 믹싱을 해야 합니다.

믹싱은 단순히 소리들을 합치는 데서 그치지 않고 각각의 소리들이 어떻게 출력되는지를 결정하는 작업이기도 합니다. 극장의 여러 곳에 설치된 스피커 중 어느 방향에서 어떤 소리가 나오는지에 따라 관객들은 소리를 입체적으로 경험할 수 있게 됩니다. 이렇게 사운드의 출력이 몇 개로 구분되어 나올 때 각각의 사운드를 채널(chanel)이라고 부릅니다. 사운드 기술이 요즘처럼 발달하기 전에는 여러 개의 스피커에서 모두 같은 소리가 나오는 1채널 모노 사운드 시스템(mono sound system)이었지만 점차 사운드의 기술이 발달하면서 2채널, 4채널, 5.1채널로 발전했고, 현재는 6.1채널과 7.1채널 사운드까지 사용되고 있습니다.

이렇게 사운드 트랙 각각의 출력 채널이 정해지고 나면 적절한 사운드 코덱을 사용하여 최종 마스터링 작업을 거쳐 최종 사운드 포맷이 완성됩니다. 이 과정에서 돌비 코덱을 사용하게 되면 돌비디지털 사운드 포맷(Dolby Digital Sound Format)이 되고, DTS(Digital Theater System) 기술을 사용하면 극장용 DTS 포맷으로 완성이 됩니다. 영화제작 과정 외에 음악이나 웹 영상 등에서는 훨씬 더 많은 종류의 사운드 코덱들이 사용되고 있는데 관심이 있는 학생들은 사운드 전문 기술서적들을 참고하면 훨씬 더 자세한 설명을 볼 수 있을 것입니다. 이 책에서는 영화 사운드의 개괄적인 제작 방식을 위주로 설명하고 넘어가기로 하겠습니다.

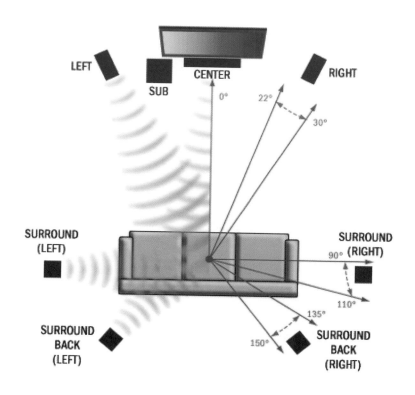

[도판30] 7.1 채널 사운드 시스템

XII. 타이틀과 크레딧

1. 오프닝 시퀀스와 타이틀 시퀀스

초창기 흑백영화에서 영화의 타이틀(title, 제목)은 영화 앞에 단순히 검정 바탕에 흰 글씨로 관객들에게 영화의 시작과 제목을 전달하기 위한 방법으로만 사용되었지만, 요즘 영화에서 타이틀은 여러 가지 이미지와 텍스트들로 디자인된 하나의 시퀀스로 구성되어 영화의 분위기를 보다 효과적으로 관객에게 전달할 수 있는 역할로 그 용도와 개념이 확장되었습니다. 이렇게 구성된 시퀀스를 타이틀 시퀀스(title sequence)라고 부르며, 영화가 시작되면 타이틀이 나오기까지의 영화 초반부를 오프닝 시퀀스(opening sequence)라고 합니다.

영화가 시작되면 가장 먼저 접하게 되는 오프닝 시퀀스는 관객들이 영화를 보는 데 특히 중요한 기능을 합니다. 오프닝 시퀀스는 관객들에게 영화의 스타일이 어떤지 영화의 스토리

[도판31] 고전영화의 타이틀(영화 〈칼리갈리 박사의 밀실〉)

[도판32] 영화의 분위기를 잘 살린 〈스파이더맨〉의 타이틀 시퀀스

텔링이 어떤 구조를 가지고 있는지를 암시하면서 전체 영화의 이야기를 어떻게 받아들일지 준비하게 하는 역할을 합니다.

영화는 실제로 우리 주변에서 일어날 만한 사실적인 이야기들을 다룰 수도 있으며, 슈퍼히어로나 드라큘라, 판타지 세계의 생물들을 등장시켜 이야기를 전개할 수도 있습니다. 하지만 우리는 슈퍼히어로 영화에서 하늘을 날아가는 히어로나 불로불사의 드라큘라를 보면서 사실적이지 않다고 평하거나 말도 안 되는 이야기라고 치부하지는 않습니다. 영화의 내러티브에서 중요한 것은 '사실적'인 것이냐가 아니라 '극적 개연성'

[도판33] 영화 〈검은 사제들〉의 타이틀 시퀀스

을 갖추고 있느냐라고 할 수 있습니다.

영화는 오프닝 시퀀스를 통해서 관객들에게 극적 개연성을 위한 이야기의 설정들을 이해시키는 역할을 하기 때문에, 타이틀이 나오기까지 영화의 시작 부분 시퀀스는 관객들로 하여금 이후에 나올 이야기들에 몰입할 수 있게 하는 중대한 분수령이 됩니다.

타이틀 시퀀스를 포함하여 영화의 오프닝 시퀀스는 영화의 전체 이야기를 이끌어나갈 수 있는 내러티브상의 가장 중요한 동력이 되기 때문에, 특히 타이틀 시퀀스는 다양한 시각효과와 임팩트로 관객들을 사로잡기 위해 최대한 공들여 제작을 하게 됩니다. 때로는 전문 타이틀 시퀀스 제작팀에 의뢰하거나 드물게는 다른 감독이 타이틀 시퀀스만을 따로 감독해서 제작을 하는 경우도 있습니다. 또한, 영화의 타이틀 시퀀스가 영화의 일부분으로써의 역할뿐 아니라 그 자체로 하나의 작품

[도판34] 카일 쿠퍼가 제작한 〈세븐〉의 타이틀 시퀀스

으로 인정받을 만큼 전문 분야가 되고 있기도 합니다. 이 분야
에서 독보적인 명성을 갖고 있는 카일 쿠퍼가 만든 영화 〈세
븐〉의 타이틀 시퀀스는 타이틀 시퀀스의 교과서로 불릴 만큼
잘 알려져 있으며, 영화 〈세븐〉의 시각효과 수준을 한 차례
업그레이드하는 데 크게 기여했다고 평가받고 있습니다.

2. 타이틀의 제작

영화에 디지털 작업이 일반화되기 이전에 타이틀은 모두 필
름으로 직접 촬영을 해야 했습니다. 당시에는 기술적으로 특
별한 시각효과를 사용하기가 어려웠기 때문에 단순히 검은 바
탕에 흰 글씨를 촬영한 필름을 편집과정에서 이어 붙이는 게
전부였습니다. 옵티컬 합성기술과 자막 촬영기를 사용하게 되
면서 간단한 합성과 옵티컬 효과(optical effect, 화면이 점점

밝아지거나 어두워지는 등의 광학 효과)를 사용하는 것이 전부였습니다. 컴퓨터 그래픽을 사용한 지금의 화려한 타이틀 시퀀스에 비해서 다소 투박해 보일 수도 있지만, 이렇게 타이틀과 자막을 카메라로 직접 촬영하는 방법은 가장 단순하면서도 효율적인 타이틀 제작 방법이라고 할 수 있습니다.

시각효과가 많이 들어가는 타이틀 시퀀스는 시각효과 전문 프로그램이나 작업팀에서 만들곤 합니다. 시각효과는 그 종류에 따라 어떤 프로그램을 사용해서 만들어야 할지도 다르기 때문에 하나의 프로그램과 작업팀이 아니라 서로 다른 팀에서 각각의 기술을 활용해 만든 영상들을 합성해서 만들기도 합니다. 시각효과 작업용 프로그램으로는 학생들이 사용할 수 있는 정도의 어도비 포토샵(Adobe Phoshop)이나 어도비 애프터 이펙트(Adobe After Effect)와 같은 프로그램에서부터 3D 모델링을 위한 3D 스튜디오 맥스(3D Studio Max)나 마야(Maya), 플레임(Flame)이나 셰이더(Shader) 등과 같은 전문적인 프로그램들까지 다양하게 사용되고 있습니다.

때로는 스톱모션 애니메이션(stop motion animation) 기법이나 미니어처(miniature) 촬영과 같은 기법을 활용해서 타이틀을 만드는 방법도 있습니다. 여기에 전문적인 애니메이션 제작 프로그램을 활용할 수도 있고, 플래시(flash)와 같은 프로그램으로 간단한 애니메이션 타이틀을 만들 수도 있습니다.

시각효과와 관련해서는 영화를 만드는 학생들이 명심해야 할 부분이 있습니다. 영화는 분명 시각적인 매체이지만 시각효과에 너무 신경 쓴 나머지 영화의 이야기 흐름에서 밸런스를 잃어버리거나 시나리오의 구성상의 결점 등을 현란한 시각효과로 보완하려고 하는 것은 자칫 중요한 것을 놓치게 할 수도 있습니다. 또한, 제작 일정과 예산 등과 관련하여 감당할 수 있는 정도의 작업공정을 활용하여 영화제작 과정 전체의 밸런스를 고려해 효율적인 작업과정을 운영하는 것이 중요합니다.

3. 엔딩 크레딧

영화의 엔딩 크레딧(ending credit)은 영화 작업에 참여한 스태프들과 촬영 협조를 해준 단체나 회사 등의 명단을 정리하여 나열한 것입니다. 보통은 등장인물을 연기한 연기자들의 이름이 먼저 나오고 후에 제작에 참여한 스태프들과 촬영에 협조를 해준 회사나 단체들의 명단을 순서대로 표기합니다.

장편 상업영화의 제작에는 몇 백 명의 인원이 참여하게 되기에 엔딩 크레딧의 길이도 길어질 수밖에 없습니다. 디지털 후반작업이 본격화되기 전에 비해 시각효과나 음향 분야에 훨씬 전문화된 스태프들이 필요하게 되었고 영화의 엔딩 크레딧

은 더 길어지게 되었습니다. 보통 영화의 마지막 장면에서 엔
딩 크레딧이 나오면서 영화음악이 함께 나오는 경우가 많은
데, 요즘에는 음악 한 곡이 다 흐를 때까지 크레딧이 끝나지
않아서 새로운 음악이 이어서 나오는 경우도 흔하게 볼 수 있
습니다.

　단편영화에서도 초창기에 비해 요즘은 훨씬 전문화된 스태
프들이 참여하게 되면서 상업영화 못지않은 크레딧을 자주 접
하게 되지만, 간혹 영화의 내용에 비해 시각효과나 크레딧을
지나치게 강조한 경우도 없지 않습니다. 또한, 영화의 크레딧
은 영화에 참여한 사람들의 명단이 중요하게 다루어져야지 개
인적인 소감을 피력하는 공간은 아니라는 것을 상기해야 합니
다. 가끔 '이 영화를 ○○에게 바칩니다.'와 같은 자막이나
'thanks to'와 같이 개인적인 감사를 영화에 넣기도 하지만 이것
을 지나치게 남발하는 것은 좋지 않습니다. 오히려 영화제작에
참여한 스태프들의 크레딧을 초라하게 만들 수도 있기에 크레
딧에 올릴 명단을 적당히 선별하는 것이 필요합니다.

　한편, 영화촬영 현장에 많은 도움을 준 사람이나 단체를 크
레딧 명단에 누락하는 것도 상당한 실례가 될 수 있습니다. 영
화의 제작을 지원한 단체나 기업의 명단을 크레딧에 실수로
잘못 표기하거나 누락하게 된다면 영화가 완성된 후에 크레딧
을 다시 수정해야 하는 결과를 초래할 수도 있고, 때에 따라

[도판35] 마블 영화들의 엔딩 보너스 영상

크레딧의 내용으로 인해 법적 문제가 초래될 수도 있습니다.

당연한 이야기지만 엔딩 크레딧도 영화의 일부분이기 때문에 영화의 분위기와 어울리도록 만드는 것이 좋습니다. 보통 영화의 마지막 장면에 이어 등장하기에 자칫 엔딩 크레딧으로 인하여 영화의 감동과 여운을 해칠 수도 있기 때문입니다.

가끔은 엔딩 크레딧이 끝나고 영화의 에필로그 장면이 있는 경우도 있는데 많은 관객들이 엔딩 크레딧이 끝나기 전에 극장을 나가 버리는 바람에 에필로그 장면을 놓치는 경우도 자주 봅니다.

XIII. 상영 및 배급

1. 최종 상영본 만들기

편집된 영상과 함께 CG 작업을 통해 만들어진 장면들, 타이틀, 크레딧, 자막 등 영상에 들어갈 모든 요소들은 촬영된 원본 소스와 함께 DI(Digital Intermediate) 작업실로 넘겨집니다. 인터미디에이트란 용어는 원래 옵티컬 영상 합성 과정에서 사용되는 중간 단계의 필름인 인터미디에이트 필름(intermediate film)에서 유래되었습니다.

디지털 기술이 사용되기 이전에 영화에 사용되던 옵티컬 효과(optical effect)인 페이드 인(fade in)이나 페이드 아웃(fade out), 디졸브(dissolve) 등의 영상 합성을 하기 위해서는 오리지널 네거티브를 인터미디에이트 필름으로 촬영하면서 조리개 등으로 빛의 양을 조절하여 옵티컬 효과를 만들어내게 됩니다. 필름은 촬영을 하면 색깔이 피사체의 색깔과 반전된 색깔로 기록되기 때문에 오리지널 네거티브 필름에서는 피사체의 색깔이 원래의 색깔과는 반전되어 보이게 됩니다. 이것을 인터미디에이트 필름으로 촬영하면 이미지는 다시 원래 피사체의 색깔과 같아지게 되는데, 최종적으로는 오리지널 네거티브 필름과 합쳐져야 하기 때문에 한 번 더 인터미디에이트 필름을 사용하여 촬영하게 됩니다. 이렇게 해서 현상한 필름을 오리지널 네거티브와 합쳐서 최종적으로 시각효과가 들어간 장면이 완성되는 것입니다. 이렇게 옵티컬 효과 작업의 중간에 사용되는 필름이란 의미에서 인터미디에이트(중간의)라는 이름이 붙게 되었죠.

편집과 후반작업에 디지털 기술이 사용되면서부터는 인터미디에이트 필름을 사용하는 대신 디지털 프로그램 내에서 모든 시각효과 작업이 이루어졌기 때문에 이런 작업들을 통틀어 디지털 인터미디에이트(Digital Intermediate, DI) 작업이라고 부르게 되었습니다. DI 작업에서 가장 비중이 큰 작업은 영화 전체의 색깔과 질감을 조정하는 작업입니다. 필름 작업에서 색보정이나 타이밍(timing)이라고 불렀던 이 작업은 영화의 처음부터 끝까지 모든 컷들을 순서대로 하나하나 색을 조절하고 전체의 톤과 질감을 조정하는 과정입니다.

짧게는 며칠에서 길게는 몇 주에 걸쳐 DI 작업이 끝나면 믹싱을 거쳐 완성된 사운드와 함께 합쳐서 최종 상영본을 만들게 됩니다. 최종 상영본은 어떤 환경에서 상영을 하게 되는지에 따라 필름으로 만들 수도 있고, 디지털 포맷으로 완성할 수도 있습니다. 필름의 경우는 필름 프린터(film printer)를 사용하여 디지털 이미지를 필름에 프린트하여 만들고, 디지털 상영본은 어떤 코덱을 사용할지에 따라 최종 포맷이 결정됩니다.

2. 시사 및 상영

영화를 완성하기 전에 최종적으로 영화를 어떤 환경에서 주로 상영할지에 따라 완성본의 포맷을 어떻게 출력할 것인지가 결정됩니다. 필름으로 만들어 필름영사기로 상영할 수도 있고, DVD 플레이어나 PC에 디지털 프로젝터를 연결하여 상영할 수도 있습니다. 또는 대형 HDTV에 연결하여 재생할 수도 있으며, 극장용 포맷인 DCP로 출력하여 상업영화관에서 상영하는 등 어떤 환경에서 어떤 포맷으로 상영하게 될지에 따라 최종 완성본의 형태도 달라지므로 상영을 고려하여 최종 완성본을 어떻게 출력할지를 결정해야 합니다.

일반적인 DVD 포맷은 편집 프로그램 등에서도 출력을 지원하기 때문에 학생들도 손쉽게 만들 수 있습니다. 극장용 포맷은 최근 PC에서도 사용 가능한 DCP 제작 프로그램이 나와 있지만, 아직까지는 전문 DI업체를 통해 제작하는 경우가 대부분입니다.

요즘 가장 많이 사용하는 극장용 디지털 영화 포맷은 DCI(Digital Cinema Initiatives, 디지털 시네마의 규격을 정하기 위해 미국 7대 메이저 영화사들이 모여 2002년 설립한 벤처기업)에서 2005년에 정의한 DCP(Digital Cinema Package)라는 규격으로 2K(2,048×1,080)와 4K 해상도를 지원하고 있습니다.

상업영화의 경우 영화가 완성되면 배급과 홍보를 위한 시사를 하고 시사회를 통한 모니터링 의견을 취합하여 홍보 및 배급 전략을 수립하게 됩니다. 상업영화의 시사회는 모니터링을 통하여 영화의 퀄리티를 높이기 위해 수정하려는 목적이 아니라 영화의 배급을 위한 홍보의 일환으로 계획되는 경우가 일

[도판36] 소니 디지털시네마용 SRX-R320 프로젝터

반적입니다. 때문에 상업영화의 시사회는 배우들과 기자들을 초청해 상업적인 이벤트로 개최되곤 합니다.

단편영화의 경우 학교에서 선생님들, 동료 학생들과 함께 보고 의견을 듣고 평가받는 자리가 되기도 합니다. 영화과가 있는 학교들은 학생들의 졸업 작품을 모아 졸업 작품 상영회를 개최하기도 합니다. 학생들은 상영회를 통하여 자신이 만든 영화로 관객들과 직접 만나는 경험을 하게 됩니다.

영화는 만드는 것에서 완성되는 것이 아니라 상영을 통해 대중과 만남으로써 비로소 그 가치가 완성된다고 할 수 있습니다. 학생들은 자신이 영화를 통해 하고자 했던 이야기가 관객들에게 어떻게 받아들여지는지 피드백(feedback)을 얻게 됩니다. 때론 자신이 만든 영화를 보면서 감동을 받은 관객들에게 박수갈채를 받을 수도 있지만, 자신이 원했던 반응과 사뭇 다른 반응에 당황스러울 수도 있습니다. 상영회에서 학생 감독들과 스태프들은 직접 무대에 올라 관객들과 제작과정에 대한 이야기를 할 기회를 얻을 수도 있지만, 영화는 관객들과 만나는 순간 이미 다른 설명이 덧붙여지지 않은 상태 그 자체로 관객들에게 평가를 받을 수밖에 없습니다. 때문에 관객들의 반응에 이렇게 저렇게 변명하기보다는 겸허한 자세로 관객들의 이야기를 듣고 자신이 이야기하고자 했던 기획의도가 관객들에게 적절히 전달되었는지를 검토하는 것이 바람직합니다.

3. 단편영화의 배급

단편영화는 상업영화처럼 극장에서 관람료를 받고 상영할 수 있는 기회를 얻기가 쉽지 않습니다. 영화제 등에서 단편영화들을 모아서 상영하는 등의 예외적인 경우를 제외하면 단편영화들은 관객들과 만날 기회가 제한적입니다. 그렇기 때문에 학생들이 만든 많은 단편영화들은 그냥 책상 서랍 속에 묻혀버리는 경우가 많습니다. 가끔 각종 영화제 등을 통해서 유명해진 단편영화의 경우에만 DVD 등으로 출시되어 관객들과 계속 만날 수 있지만 이마저도 극히 제한적입니다.

요즘에는 단편영화나 독립영화를 배급해주는 전문 배급회사가 있어서 학생들의 단편영화 배급을 대행해주기도 합니다. 하지만 영화 배급에는 비용이 소요되기 때문에 무턱대고 배급을 의뢰한다고 배급 대행을 해주지는 않습니다. 당연히 배급을 통해 어느 정도 수익을 낼 수 있겠다는 판단이 서야 배급회사를 통해 배급을 할 수 있겠죠.

근래에는 예전보다 단편영화를 상영하는 영화제가 무척 많아졌습니다. 부산국제영화제나 전주국제영화제, 부천판타스틱영화제 등 국제 규모의 영화제들 대부분은 단편영화 상영프로그램을 운영하고 있고, 각 지자체들과 연계한 중소 규모의 많은 영화제들에서도 단편영화들을 초청 상영하고 있습니다.

영화제 관련 정보를 제공하는 위다웃어박스
www.withoutabox.com

그중 미장센단편영화제나 부산아시아단편영화제, 아시아나단편영화제, MBC영화대상 단편 부문 등은 그동안 많은 단편영화 감독들을 발굴해내었고, 그중 다수는 지금 상업영화 감독으로 활발하게 활동하고 있습니다.

해외에는 더 많은 단편영화제들이 있습니다. 프랑스의 클레르몽페랑 단편영화제와 오버하우젠 국제단편영화제, 칸느영화제의 단편 부문, 템페레 국제단편영화제 등은 오랫동안 대표적인 단편영화제로 인정받아 왔습니다. 요즈음에는 이렇게 많은 영화제들의 출품 기간 등을 정리해서 안내해주는 위다웃어박스(www.withoutabox.com)와 같은 사이트를 통해서 영화제 출품 정보 등을 얻을 수도 있으니 만들어놓은 단편영화를 적극적으로 배급하기 위해 노력을 하면 영화가 관객들과 만날 수 있는 기회를 더 많이 얻을 수 있을 것입니다.

나오는 글

    가끔 단편영화제에서 단편영화를 심사할 때 상업영화와 같
은 화려한 시각효과를 사용한 영화들보다 조금 어설프고 투박
하지만 자신만의 참신한 개성이 돋보이는 단편영화를 만나면
무척 반갑고 기쁘게 느껴집니다. 단편영화에 기대하는 것은
상업영화를 잘 따라하는 것보다는 참신한 개성과 창의력이 아
닐까 합니다.

    영화제작 기술은 예전에 비해 급속하게 발전했습니다. 디지
털 기술이 도입된 이후에 영화제작 기술은 더욱 빠르게 발전
하였고, 영화는 훨씬 더 대중적으로 보급되었습니다. 지금은
누구나 원한다면 적은 비용으로 영화를 제작할 수 있게 되었
고, 예전에는 전문가들이나 사용하던 기술을 이제는 가정용
PC에서도 손쉽게 사용할 수 있게 되었습니다. 때문에 상업영
화에서 보던 화려한 시각효과들을 어렵지 않게 흉내 내고 따
라할 수도 있습니다.

    하지만 영화를 만들면서 무엇보다 중요한 것은 테크놀로지
에 압도되기보다는 테크놀로지를 적절히 활용하여 본인이 하
고자 하는 이야기를 할 수 있는 능력이라고 생각합니다. 크리
스토퍼 놀란 감독의 영화에서 관객이 접하는 마술적 경험은

최첨단 테크놀로지 자체에 있는 것이 아니라 이 테크놀로지를 영화적으로 활용하는 그의 연출 스타일에서 오는 것이라 할 수 있습니다. 한국 영화 중 최근 촬영감독으로 참여했던 장편극영화 〈혼자〉(Alone, 2016)에서 박홍민 감독과 저는 영화촬영에 최신 장비와 시각효과를 활용하면서도, 촬영 현장에서 어떻게든 놀랍고 극적인 장면을 최대한 직접 카메라에 담아내기 위해 많은 준비와 리허설 끝에 독특한 롱테이크 스타일을 만들어냈습니다. 영화가 관객에게 마술적 순간을 선물한다면, 감동은 단지 테크놀로지에서 오는 것은 아닐 것입니다.

학생들이 영화제작의 테크놀로지를 익히는 것은 물론 중요하지만, 다양한 인문학적 지식과 우리가 살아가고 있는 동시대의 사회에 대해 관심을 갖고 바라보는 시각이 좋은 영화를 만들어낸다는 사실을 잊지 않기를 당부합니다. 단순히 기술적 테크닉이 화려한 영화가 좋은 영화가 아니라 사회를 바라보는 올바른 시각과 다른 사람들과 함께 살아가는 공동체를 위한 마음가짐이 있어야 많은 사람들에게 감동을 줄 수 있을 것입니다.

영화를 만드는 일은 힘들고 어려운 과정입니다. 많은 제작과정과 영화제작 기술을 익히는 것뿐만 아니라 배우 및 다양한 스태프들과 공동작업을 통해 영화를 완성해내는 것은 정말로 드라마틱한 과정입니다. 학생들은 영화를 만들면서 다양한 어려움들에 부딪히게 되고 문제를 해결해나가면서 스스로 성장해나갑니다. 이 모습을 곁에서 지켜보는 것은 가끔 가슴 뭉클한 경험이기도 합니다. 단편영화 제작을 통해 얻을 수 있는 경험은 다양하지만, 무엇보다도 소중한 것은 많은 어려움을 극복하고 끝까지 영화를 완성해낸 경험을 통해 앞으로 세상을 살아나가면서 성공의 기억을 가슴에 새길 수 있게 되는 것이 아닐까 합니다. 삶의 여정에서 비단 영화를 만드는 일뿐만 아니라 여러 어려움에 맞닥뜨렸을 때, 끝까지 최선을 다해 결과물을 얻어냈던 기억이 분명 큰 도움이 되리라 믿습니다.

■ 참고문헌

단행본

김윤아, 『영화 스토리텔링』, 아모르문디, 2016.

류재형, 『명화를 만든 10가지 시각효과』, 커뮤니케이션북스, 2015.

린다 카우길, 『단편 시나리오 쓰기』, 박지홍 역, 비즈앤비즈, 2010.

마이클 레비거, 『영화의 연출』, 지호, 1996.

목혜정, 『영화 사운드의 이해』, 아모르문디, 2016.

사이드 필드, 『시나리오란 무엇인가』, 민음사, 1992.

양수련, 『나는 시나리오 쓴다』, 퍼플, 2015.

에드워드 핀커스·스티븐 아처, 『영화제작 핸드북』, 김창유 역, 책과길, 1995.

이종승, 『미장센: 영화 창작 논리의 해부』, 아모르문디, 2016.

임선애, 『한국영화 스토리보드』, 커뮤니케이션북스, 2012.

주세페 크리스티아노, 『최고의 스토리보드 만들기』, 김병철·이우석 역, 시공사, 2008.

현승훈, 『디지털 영상 제작 이야기: 촬영편』, 아모르문디, 2016.

※ 독자의 이해를 돕기 위해 동영상 예시들을 QR코드(비밀번호: amormundi) 링크를 통해 제공합니다.